自我的幸福

50個擺脫困境的方法

子陽 著

編輯序

「現在的年輕人啊，真的是……和我們以前都沒得比啦！」這句話，是否十分的耳熟，難道我們真的那麼不如人嗎？難道我們真的如此不堪？每每我們要做些什麼事情的時候就會被某些長輩這樣感嘆。

對年輕人來說，比名校主義更屈辱的是這些長輩的有色眼光，草莓族、水蜜桃族、香蕉族、芒果族……一大堆奇奇怪怪的名詞都不約而同的套在年輕人身上。難道年輕人真的這麼不堪？難道「年輕」已經成為了一種罪過？

「只付起香蕉的，只請得到猴子。」還記得之前在批批踢上面被鄉民瘋狂討論的這句話嗎？一名畢業於國立大學、擁有7年工作經驗的女性求職者，最近面試時，雇主竟只開出18K薪水，讓她憤而拿出香蕉，『優雅』的回嗆對方「只付起香蕉的，只請得到猴子」。

還有再之前，熱情的網友成立〈揭露22K——22K芳名錄〉，想要讓大家知道哪些無良企業想要用22K就請到超人。這些事都十分的可笑，我們在恥笑這些慣老闆之餘，也不要忘了要加強自身實力，才能讓自己儘快擺脫22K魔咒。這也是這本書出版的初衷，我們深信「只要經過努力，一切都會改變！」人生不該只有小確幸而已，而你應該擁有更多的幸福。因此我們嚴選五十個年輕人都在問的問題，無論是關於愛情、命運或是幸福……等等，都能夠從本書中找到讓你迅速進步的能量。

成功，就在眼前！

目錄 ▸ CONTENTS

CHAPTER 1 找到幸福的7道密碼

我們都會有幸福和痛苦，只不過是程度不同而已。誰遭受的痛苦最少，誰就是最幸福的人；誰感受的快樂最少，誰就是最可憐的人。

CHAPTER 2

自由自在掌控命運的15項關鍵

沒有淚水的灌溉，就不會有稻田的璀璨；只有經過一次次的流淚才能讓我們逐漸的長大，我們要在一次次的流淚中幡然醒悟。

CHAPTER 3 面對苦難的12則智慧

我們一出生就必須與苦同在，這是上天賜給我們最好的禮物，因為苦是良藥，因為苦而覺醒，因為苦而成就非凡。

CHAPTER 4 輕鬆度日的9把鑰匙

青春，一個美好的字眼，卻帶著很多考驗，很多折磨與掙扎。然而，正是這些刻骨銘心的日子，讓我們的青春更值得回味。

CHAPTER 5 擁有愛情的7個訣竅

愛是火熱的友情，沉靜的瞭解，相互信任，共同享受和彼此原諒。愛是不受時間空間條件環境影響的忠實。愛是人們之間取長補短和承認對方的弱點。

1 CHAPTER

找到幸福的密碼 7道

我們都會有幸福和痛苦，只不過是程度不同而已。誰遭受的痛苦最少，誰就是最幸福的人；誰感受的快樂最少，誰就是最可憐的人。

提示1 有那一種幸福，不必付出任何代價就可以得到？

二零一二年，聯合國首次向全世界公佈了一項「全球幸福指數」的調查報告，調查了全世界一百多個國家和地區人民的幸福程度，調查結果顯示丹麥成為全球最幸福國度，其他北歐國家亦高踞前列位置。美國排在第十一名，臺灣地區排名第四十六位，在亞洲地區居第三，僅次於新加坡（三十三）和日本（四十四），韓國排名第五十六，香港第六十七，中國則排名第一百一十二。

當看到這則資料，想到當下的生活，我們不禁會捫心自問，為什麼距離幸福那麼遙遠呢？難道我們天生就是和苦難離得太近？幸福指數報告指出，財富的多寡並非是幸福指數的決定性因素，還跟自身的性格、地域性的文化和教育程度有關。

其實，幸福離我們並不遠。因為上帝是公平的，它賜予每個人的苦難都是相同的，只不過有些人放大了苦難，有些人縮小了苦難。對於苦難的領悟不同，導致了我們距離幸福的遠近不同。

因為苦難本身就是人生的伴隨者。許多時候，我們都希望事情會向我們想像的方向發展，但是事實卻未必如此，失敗的陰影總會第一個襲向我們。位高權重的，會一落千丈；生死相許的，會勢同水火；闔家歡聚的，會曲終人散；壽比南山的，會撒手人寰。所以，一切的美好都難逃苦難的魔掌，所以佛家才會說：人生皆苦。

每個人的一生都不會一帆風順，人生的大道上會遇到許多「絆腳石」，在猝不及防的情況下可能遭遇到狂風暴雨、驚濤駭浪、冰山暗礁……但只要正確對待，不氣餒，持之以恆，始終堅定如一，成功還是會有希望的，幸福並不是那麼遙遠。

來看一則故事：

在一家建築工地上，有兩個建築工人正在搬磚。每天，他們幹著非常繁重的體力活，住著簡陋的工棚，看著親手建造的大樓賣給了別人，大把的鈔票進入了建築老闆的口袋，讓兩人羨慕不已，夢想著如果自己是一家建築公司的老闆，該多好啊！於是，兩人商量，掏出了多年在工地打工的血汗錢，租了幾間房子，招聘一些以前在一起幹活的工友，組成了一支小小的施工隊伍，成立了一家小建築公司。

公司成立後，他們才感到一切並不像當初想像的那麼美好，反而比以前更苦了，更重要的是他們這個小建築公司受到了一些大建築的公司的排擠，根本接不到任何專案，而且他們每天還要付工人工資和房租。兩人感到了前所未有的艱苦，有時甚至懷疑自己當初的想法是不是太衝動了。

就在公司快資不抵債的時候，一場突如其來的大火燒了公司的房子。儘管消防人員及時趕到，但是因為傍晚的風勢過於強大，所以一時半會無法將火撲滅。等到大火撲滅時，房子已經燒毀了，只剩下一堆斷壁殘垣。

眼前的情景讓兩人抱頭痛哭。痛哭過後，只見一個工人手裡拿了一根棍子，跑進燒成灰燼的屋裡不斷地翻找著。而另一個工人則癱軟在了地上，徹底絕望了。

過了半晌，只見那個翻找的工人突然興奮地叫起來：「我找到了！我找到了！」

只見他的手裡拿著一把搬磚的鉗子，沮喪的臉上終於流出一絲笑容，自言自語說：「謝天謝地，感謝它還沒有被燒掉。只要有了這柄鉗子，我就可以再建造一家建築公司。」而另一個工人則慢慢地站起來，徹底心灰意冷，想都不敢再想創建公司了，退出了公司的建築隊伍，他覺得這種當老闆的幸福離他太遠了。

時光荏苒，二十六年的時光過去了。原本這兩個建築工人如今已經截然不同的人生。當初那個退出公司的工人仍舊在工地上做一名搬磚工，而另一個工人已經是中國地產界赫赫有名的大老闆，他的名字叫潘石屹。

後來，當人們提及當年的往事時，潘石屹說：「這麼多年來，其實我一直都是和苦難在一起度過的，現在我並認為當初的大火是一個致命的打擊，因為後來我還遇到了更大的苦難。當苦難來臨時，我們應該想想究竟是那些幸福遠離了我們，還是我們即將要遠離幸福。在這個世界上，沒有任何事情都是一帆風順的，成功的人大部分都曾被失敗衝擊過，所不同的是他們並沒有被眼前的苦難嚇倒，而是爬起來，繼續向著成功之路邁進，所以我成功了。但人生的苦難來臨時，我告訴自己：『天無絕人之路』」。

在任何時候，都應該找到屬於自己的幸福，戰勝苦難，就會迎來幸福。如若不然，只會和幸福無緣，甚至離幸福越來越遠。

在試煉後，你不能忘記的事情

❶苦難本身就是人生的伴隨者，沒有苦難的人生便不叫做人生；
❷上帝是公平的，它賜予每個人的苦難都是相同的；
❸苦難來臨時，我們應該想想究竟是那些幸福遠離了我們，還是我們即將要遠離幸福；
❹山窮水盡疑無路，柳暗花明又一村，人生的不幸有很多種，但是通往幸福的路絕不止一條，幸福並不遠，因為天無絕人之路。

提示2

一次也好，請讓我嚐嚐幸福的滋味，好嗎？

人活著的目的是為了克服沒有解決的問題和困擾，推動社會一步步向前發展。這就猶如電視連續劇，一旦主人公安全、問題解決、團結或圓滿的時候，就是該劇結束的時候。人也是這樣，沒有不幸，就沒有意義可言了。

人們也常說，人生如棋。如果困難都沒有了，那就直接可以將軍了，那下棋還有什麼意思？所以下棋重在過程。人生也是如此，重在我們所走過的道路，因此，每走一步，都要倍加珍惜，不能因為一時的受挫，而使情緒低落，高興不起來。其實，面前的境況，只是以前事情的結果而已，我們不要為了以前的得失而影響了後面的人生過程，否則，自己的損失更大。

來看一則故事：

一場殘酷而持久的戰爭結束了，有個年輕的吹號手終於隨著部隊凱旋而歸，回到了闊別已久的家鄉。可是，當他回到家時，卻聽到一個不幸的消息，他日夜思念的女朋友已經嫁給了別人為妻，因為他的女朋友聽說年輕的吹號手已經戰死在了沙場上。年輕的吹號手心裡痛苦極了，為了逃避心裡的悲傷，觸景生情，於是他便離開了家鄉，帶著自己的小號到處流浪。路上，陪伴他的只有那把衝鋒號，每天他無法排解心中的苦痛時，他便吹響衝鋒號，號聲淒婉悲傷。

有一天，他路過了一個國家，在田野上吹起了衝鋒號。正好有一位將軍打獵路過，聽到了號手的號聲，心裡十分好奇，便叫人把他喚來，問：「你的號聲為什麼這樣哀傷？」年輕的號手便把種種的不幸經歷告訴了將軍。將軍聽了號手的故事，非常同情，為了幫助年輕的號手擺脫困境，下了一道命令，讓全國的人民都來聽這號手講他自己的不幸經歷，讓所有的人都來分享號聲中的哀傷。

日復一日，年輕的號手不斷地講，全國人民不斷地聽，只要那號聲一響，人們便來圍攏他，默默地聽。這樣，無數次過後，他的號聲已經不再那麼低沉、淒涼了。又不知從什麼時候起，那號聲漸漸地變得歡快、嘹亮、悅耳動聽了。

有一天，將軍把這個年輕的號手叫到跟前，說：「現在你的號聲已經不再悲傷了，你也從困境中走出來了。告訴你吧，我年輕的時候也是一名號手，也有著和你類似的經歷，可是人生的不幸總是會與你相伴的，尤其是作為一名士兵，隨時都有戰死的可能。那麼，我們唯一要做的就是要學會戰勝苦與難，這樣才能如意。」

後來，號手跟隨將軍南征北戰，再也不因苦與難而悲觀，最後成為了將軍手下最驍勇的一名士兵。

人生中苦與難是時刻相伴的。要正視這種過程，逃避是沒有用的，恐慌也不必要。人要從心靈上征服苦與難，才能在這捉摸不透的一生，活出新意，活出境界。

在試煉後，你不能忘記的事情

❶不論是誰，總不會避開艱難險阻，甚至艱難和困惑會貫穿始終，這才是人生；
❷在苦與難面前，心胸要浩瀚無邊，才能有這一股節氣不會輕易地被俘虜；
❸可能註定我們今生要與苦難周旋，要接受並改變，會依然瀟灑；
❹苦難是一種恩賜，會讓人更為成熟、成長。

提示3

到底要經歷那些考驗，才能夠擁有別人搶不走的幸福？

面對生活中的不幸，有時我們會不知不覺地把它放大，把一點小事想得太過嚴重，結果事實證明我們是在自尋煩惱，有時候一件事也許還有轉機，我們卻自己先洩氣了，認為已經無法挽回了；有時我們覺得自己是最倒楣的那個人，事事不順，其實是我們不夠用心；還有的時候，我們只是片面地看到事物不好的一面，可實際上，它還有非常美好的一面，只是我們沒有發現：所以，遇到不如意的事情時，千萬別忘了提醒自己：「別難過！事情沒有想像的那麼糟！」。

事實上，通常讓我們大驚小怪的事情，如果拿來跟別人的遭遇相比，那簡直是微不足道，但是，我們為何經常把自己極其微小的不如意，當成好似是生命中的重大挫折？

其實，原因就出在我們喜歡借著誇大不幸，來凸顯在別人心目中的地位，喜歡借著小題大做，來引起別人對自己的注意。

生活中也會有這樣的人存在。而且這還不算，他們會極力地誇大自己的不幸，而這樣做的結果只能令自己真的陷入更大的不幸之中。

來看一則故事：

在大森林裡，有一天一群野兔們聚在了一起，開了一個訴苦大會。在會上，每只野兔彼此訴起苦來，它們認為它們投胎成為兔子真是太不幸了，生活中處處充滿著危險和恐懼，人、狗、鷹和其他動物時時刻刻都在威脅著它們，一不小心就會失去生命。有些兔子想起險些遭受天敵們的毒手，甚至是死裡逃生，它們覺得與其這樣擔驚受怕地活著，還不如一死了之。

野兔們商議後決定，一起跳進森林裡的河流，投水自盡。蹲在河邊的青蛙，一聽到兔子跑來的腳步聲，嚇得立馬一個個跳進了水裡。帶頭的野兔看到這些跳進河流的青蛙，說：「等一下，我們還是先別跳吧，你們看這些小青蛙更膽小呢，看來它們的人生比我們還不幸呢！」

「野兔們認為自己整天擔驚受怕很可憐，但通過與青蛙對比之後，才發現自己的命運並不是最糟糕的那個。」

再看一個故事：

在法國，有一個叫大衛斯的少年，他讀書的時候不管怎麼努力，可是成績就是上不去。這讓大衛斯非常苦惱，他感到人生是如此的不幸，難道自己天生就這麼笨嗎？

於是，他去求助於一位智者。「我一直都很刻苦學習，可是每次考試都不及格。」大衛斯苦惱地說。

「問題就在這裡，孩子。」智者說，「也許你並沒有其他人那麼的聰明，如果你硬要要求好成績，不僅進步不大，而且也是浪費時間。」

大衛斯聽了智者的話，雙手捂住臉哭了：「那樣，我爸媽會很難過的，他們一直希望我今後會有一番作為，沒想到我的人生是如此的不幸，難道是上帝在故意捉弄我嗎？」智者看著大衛斯，用一隻手撫摸著他的腦袋，語重心長地說：「學業不能出眾，並不代表其他方面就不行啊，每個人都有自己的特長，工程師不識樂譜或畫家背不出九九乘法表，這都是可能的，你也不例外。終有一天，你會發現自己的特長。到那時，你一定會在這方面有所作為的，上帝是公平的，當它為你關上一扇門，就會給你打開一扇窗，你的人生並沒有想像得那樣糟。」

大衛斯聽了智者的話，退學了，開始替人整建花圃，修剪花草。不久，花圃主人發現這個小夥子的手藝非常出色，凡經他修剪的花草無不出奇的茂盛美麗。特別是他將市政府前一塊骯髒的汙穢場地變成了一個美麗的花園。全城百姓都爭相誇讚大衛斯，稱他為「綠色的使者」。

當大衛斯三十歲的時候，他還是不會說英國話，也不懂拉丁文，微積分他更是一竅不通，但他已經是巴黎一位出色的園藝家，以色彩和園藝享譽整個園藝界。

大衛斯正是聽了智者的話，才發現自己並不是一無是處，並開始發揮特長，最終成了一名了不起的園藝家。

對於我們，也要找到自己的特長，才能會有比別人突出的地方，僅僅是這個小小的優勢，就會讓我們由不幸變得很幸運。

在試煉後，你不能忘記的事情

❶有些人羨慕別人住洋房、開豪華汽車，自己還在生存的邊緣處掙紮，這就不必要了，會人比人、氣死人！

❷不幸的程度並不在於不幸本身，而在於心中的那面鏡子，懼怕它，不幸就會放大，不懼它，不幸就會縮小；

❸不幸是殘酷無情的，要學會自我調節，學會適應環境，學會隨遇而安，才能將不幸最小化；

❹「天將降大任於斯人也，必先苦其心志，勞其筋骨，餓其體膚，空乏其身。」當不幸降臨時，可以當作是上天在給你「降大任」前的考驗。

提示4

為什麼長輩總是說要勇敢去犯錯？

人的潛能的激發，往往來源於他人對你的折磨。修行者有句名言：「不吃苦，就不能成佛祖。」這句話提醒我們，只有經過層層的考驗與磨煉，我們才能苦盡甘來，安穩地享受我們應得的成果。而每個人的自身都是一座寶藏，都蘊藏著大自然賜予的巨大潛能和無限潛力。美國學者詹姆斯根據其研究成果指出：「一般人只開發了自己身上所蘊藏能力的十分之一，與應當取得的成就相比較起來，每個人不過是半醒著的。」由於很多人生在平和的環境裡，使得很多人沒有將內在的潛能淋漓盡致地發揮出來。在我們身上沒有得到開發的潛能，就猶如一位熟睡的巨人，一旦受到激發，便能發揮「點石成金」的力量。而潛能的激發，往往來源於他人對你的折磨。

在通常情況下，大多數的人，都會習慣安於現狀，習慣了按部就班的生活，習慣於從事那些讓自己感到安全的事情，習慣於表現自己所熟悉、所擅長的本領，從而不願意去改變自己的生活及探索未知的領域，最後就埋沒了自己的才能了。

來看一則故事：

有一個在城市打拼的農民工，他在經過一棟公司時，看見一群西裝革履的年輕人手裡提著黑色皮包經過，相對比自己寒酸的樣子，這兩者巨大的反差強烈地刺激著他，他在慚愧的同時更情不自禁地感慨說：「將來有一天，我也會像他們一樣，活得比他們還好，活得比他們還成功。」

於是，這位年輕人開始努力地工作和學習，他不為貧窮的家庭環境而整日愁眉不展，而是相信有一天他可以出人頭地，最終有一個輝煌的人生。但由於生活環境的限制，在兩年的努力之中，這位年輕人並沒有達到自己的目的，還是沒有取得成功。

在這期間，這位年輕人吃了不少的苦，他燒過鍋爐，當過保全，只要是能養活自己的活他幾乎都去做了。就這樣，這位年輕人同樣沒有在事業上取得絲毫的進展，他只是做了一件事，就是在這段時間裡所掙的錢只夠養活自己。三年後的一天，他和一位朋友去聽了一場關於成功勵志方面的精彩演講。在演講大師那抑揚頓挫、繪聲繪色、口若懸河的演講中，他開始認識到自己的不足，從那以後他開始自學，不斷地改變自己。

在十二年後，令人吃驚的事發生了，在人們眼中一無是處的窮小光蛋終於搖身變成了一位身價過億的大富翁，成了一位街頭巷尾人們談之不盡的人物。

折磨你的人會激發你的潛能，會讓你變得強大。沒有必要在受到別人折磨時痛哭流涕了，反而應該感謝他。

在修煉後，你不能忘記的心法

❶一個人的成功就在於能利用外界的刺激把自己的潛能激發出來，這樣才能鞭策自己，使自己有企圖心；

❷每個人的自身都是一座寶藏，都蘊藏著大自然賜予的巨大潛能和無限潛力。唯有經過層層的考驗與磨煉，我們才能苦盡甘來，安穩地享受我們應得的成果；

❸在我們身上沒有得到開發的潛能，就猶如一位熟睡的巨人，一旦受到激發，便能發揮「點石成金」的力量；

❹無論你正陷於人生的低谷時期，還是沉浸在他人懷疑、否定的苦澀之中，你都不要懷疑自己的能力，以積極的心態加上勤奮、努力，你就一定能激發生命的潛能，創造出人生的奇跡。

提示5

健康的人不快樂有什麼用？快樂的人不健康又有什麼用？

很多年輕人身強力壯，但並不是所有的年輕人都健健康康的。於是，一些人由於事業、家庭等壓力，開始變得萎靡不振。

我們有必要使自己的身體變得更強壯。否則，到任何地方都顫巍巍地像八十歲的老太太一樣讓人擔心，是很不好的現象。就好比我們最熟悉的林黛玉吧，雖然是金陵十二釵之首，但是她那孱弱的身體經不起雨打風吹，怎能最終更好地揮灑青春？而林黛玉的結局是在含恨帶怨中悵然離世，何況林黛玉得的是絕症，稍有不慎，就一命嗚呼了。當然，林黛玉家世還算不錯，能得以調養，否則出生在尋常百姓之家，再加上她的心眼小，豈不是處處要受人冷落，日日要以淚洗面？

我們沒有必要讓自己的身體變得那麼虛弱，我們年輕時不好好地照顧好自己，年老時就可能要疾病纏身、病犯沉屙。誰想總那麼讓人擔心，總和疾病做伴？而固然有可能身體很好，也要照顧好自己，說不定某一天身體就會垮下。

只有照顧好自己，才不會一直虛弱下去。

來看一則故事：

賈迪是富二代，從小過著衣來伸手飯來張口的生活。可是後來他的爸爸媽媽離婚了，賈迪只好跟著爸爸過。雖然是衣食無憂，但他從小在溺愛的環境中長大，使得賈迪難以面對未來的坎坷與磨難。後來，爸爸不幸離世了，留下賈迪一個人孤孤單單地活著。雖然爸爸留給了他一筆財產，但不知道照顧自己的賈迪開始變得體弱多病。他以為他的身體不好和遺傳有關，就天天無精打采地生活下去。這樣下去，很少有公司願意雇用他。雖然他是富二代，卻過得不盡如意。

賈迪從小在溺愛的環境中長大，不知道照顧好自己，當某一天沒有人再給他溫暖，給他關懷時他會怎麼辦呢？更可能的情況是生活混得亂不堪。這連自己都照顧不了，更別談以後能照顧別人，例如，要撫養子女、贍養父母等。

當然，沒有人希望自己年輕時病弱，如果偏偏讓自己攤上了，只有去照顧好自己了。

我們已經是一個大人，父母沒有義務再繼續照顧我們，我們有必要照顧好自己，否則，意志脆弱，經不起打擊，怎能面對將來呢？

再看一則故事：

周莉莉是一位詩人，發表過很多詩歌，可是，她天生體弱，淋幾滴雨就會感冒，很少有人願意和她結為連理。好在後來周莉莉遇到了一個喜歡她的人，願意保護她，周莉莉才幸福地步入婚姻的殿堂。

然而，婚後，周莉莉害了一場重病，雖然丈夫極力地照顧她，周莉莉的病情都難以見得好轉。

周莉莉認為她註定要在與病魔的鬥爭中度過了，而看到丈夫對她的關心，未來的生活也不至於那麼擔憂了。

然而，三年之後，周莉莉仍然躺在床上。她問丈夫：「你會繼續照顧我下去嗎？」丈夫說：「會，會一生一世。」周莉莉才算放心了。

而後來，周莉莉的病情一直無法痊癒，而且越來越惡化，聽說有可能下半生會癱瘓，丈夫實在承受不了那種壓力，就離開了周莉莉再也沒有回來。周莉莉傷心極了，她不再相信男人的任何諾言，可總得活下去啊，她不得不學著照顧自己。

就這樣，雖然周莉莉一直在病床上，但她的親朋也不會對她過於擔心，因為她知道何時吃飯，何時穿衣。而且由於周莉莉覺得一直待在病床上太無聊了，就讓朋友們買了一些書籍閱讀，從而對創作產生了興趣。

後來，雖然周莉莉並沒有痊癒，但她可以拄著拐杖下床了，而且周莉莉不再是一個平凡的女性，她是一個作家。周莉莉感覺到她的人生並沒有白過。

周莉莉年輕時病弱，而且害了不治之症，如果她不知道照顧自己的話，她的丈夫會離開，她的親朋也可能會遠離她。好在周莉莉還有親朋的關懷，她才能勇敢地活下去。否則，身邊沒有一個噓寒問暖的人，而一直犯病的話，那是何嘗一種痛苦的感覺啊！

而在此之前，如果我們不生病就不會有後來一系列的麻煩，可誰又能擔保一生無痛無癢呢？而固然很多人健健康康，但總有一些人身體虛弱。這時候有必要擁有照顧自己的覺悟，不可使自己太勞累。

很多年輕人在犯了病之後並不會很好地照顧好自己，於是就有些人英年早逝了，讓人扼腕歎息。像我們熟悉的「初唐四傑」之一的王勃，他固然是風流倜儻，玉樹臨風，但也是文弱書生，加上生平波折，二十七歲時，渡海溺水，驚悸而死。同樣的有「音樂神童」之稱的莫扎特，一生廢寢忘食地致力於作曲創作，可並不會很好地照顧好自己病弱的身體，結果年僅三十五歲時就與世長辭。另外還有英國浪漫主義詩人雪萊，也是由於勞累過度，身體虛弱，英年早逝。

年輕時病弱是一個不容忽視的問題。我們有必要學會照顧好自己，這樣，才能擺脫不幸，坦然地迎接接下來的人生。

在修煉後，你不能忘記的心法

❶ 健康對自己很重要，失去了健康，諸如財富、榮譽、地位等再多也無意義了；

❷ 沒有健康，便沒有生活上真正的快樂；

❸ 年輕人病弱是青春一種明麗的痛，雖然不是人人可以避免，但有必要學會照顧好自己；

❹ 只有自己更強壯，才能更好地面對風雨變幻的人生。

提示6

是什麼原因造成你錯過了許多成功的機會？

在生命的旅程中，挫折、打擊、痛苦就像籠罩在頭頂的一方陰霾，讓人揮之不去，無法擺脱。既然無法躲避，何不勇敢地承受？傷痛是暫時的，快樂卻是永恆的，人生雖然短暫，希望卻永遠存在。

要記得：沒有了星星，還有月亮；失去了月亮，還有天空。青春帶給了我們傷痛，卻也讓我們懂得了人生，在生命的日子裡，我們失去了很多，卻也讓我們明白了很多！

那麼，如果為了一顆逝去的流星哭泣，失去的可能是整個星空。於是，就要換一種心態面對生活，讓自己快樂起來，就會發現，自己得到的更多。

來看一則故事：

一個女孩活潑、美麗，卻不幸身患絕症，據醫生診斷，她最多還有十個月的生命。當知道自己的病情以後，女孩所有的歡樂都沒有了，她開始拒絕治療，而且不和任何人說話，甚至連眼睛都不願意睜開，只是靜靜地等待死神的到來。

醫生說身患絕症的病人如果鼓起生活的勇氣，敢於和死亡搏鬥，這樣也許還有產生奇跡的可能。

家人心急如焚，卻無可奈何，直到有一天，一位老人也住進了醫院。

「孩子，你看看外面啊！」女孩聽到了一個陌生的聲音，不由得有些好奇，就睜開眼睛，才發現不知道什麼時候病房裡又多了一位年老的病人。

「孩子，你應該看看窗外。」老人又說，女孩出於禮貌，就把目光投向窗外。

一叢花兒開得正豔，女孩想起自己美好的青春還沒有來得及綻放，就凋謝了，不由得黯然神傷。老人明白女孩的心思，說：「你看看那棵樹！」

挨著病房的樓房一角，生長著一棵樹，樹很奇怪，葉子稀稀疏疏的，樹皮斑駁脫落，樹枝很少，而且樹身嚴重扭曲，但是奇怪的是這棵樹看起來並不古老，卻顯得精神百倍。

女孩收回目光，迷惑地看著老人，這樣的樹有什麼好看的。

「你知道它為什麼會這樣嗎？」老人問。

女孩考慮了一會兒，看著樹周圍林立的高樓，淡淡地說：「大概是修建這些樓的時候弄的吧？」

老人笑了：「真是一個聰明的孩子！確實是這樣，這棵樹已經有幾十年的壽命了，許多年前，這棵樹跟別的樹一樣，樹幹筆直，枝繁葉茂，樹皮光滑，但是在修建這些大樓的時候，落下的磚石泥塊掉在它身上，於是樹皮樹枝就成了這樣。樓房建好以後，所有的陽光都被堵住了，為了尋找陽光，樹幹就慢慢開始扭曲，最終就成了這個樣子。」

女孩的眼睛再次看向了窗外，那棵歷經苦難的樹在陽光下依然顯得很有活力，雖然磨難重重，可是絲毫沒有摧毀它那頑強的生命力。

看著看著，女孩的眼睛濕潤了，她似乎明白了什麼，「謝謝你，爺爺，我懂了！」然後，在她那因為久病而顯得蒼白的臉上多了一些微笑。

老人看著女孩說：「天地少了，快樂就少了，痛苦就多了；世界大了，微笑就多了，痛苦就小了。孩子，錯過了星星，還有月亮，錯過了月亮，還有太陽，就算連太陽也錯過了，還有整個天空。一棵樹為了生命都還在努力爭取每一點陽光，我們何必因為錯過了星星而拋棄整個世界呢？」

女孩開始積極地配合治療，她就像那棵不幸的樹，盡自己最大的努力去爭取陽光，用自己頑強的毅力和死神抗爭。

幾年以後，女孩還是去世了，雖然她沒有為自己的生命創造奇跡，但是她卻讓醫生的死亡診斷一次次落空，直到生命的最後一刻，她還是面帶笑容。

我們並不會失去所有，總會找到更值得珍惜的。

在修煉後，你不能忘記的心法

❶ 沒有了星星，還有月亮；失去了月亮，還有天空；

❷ 痛苦是暫時的，快樂卻是永恆的，人生雖然短暫，希望卻永遠存在；

❸ 如果為了一顆逝去的流星哭泣，失去的可能是整個星空；

❹ 青春總會失去一些東西，遭遇到一些傷害，這些是在所難免的，哪個青春不曾疼痛，只要我們一直朝前看，一切都會變好。

提示1

去那裡才能找到幸運到幸福的地圖？

有位老人說：「我之所以強大，並不是因為我的年齡，而是因為我心靈已經學會了長大。人生的道路雖然艱難，但我卻不停地求索我生命中細小的快樂。如果門太矮，我會彎下腰；如果我可以挪開前進路上的絆腳石，我就會去動手挪開；如果石頭太重，我可以換一條路走。我在每天的生活中都可以找到高興的事情，那麼就不會因為不高興的事情而傷心流淚。」

其實，生命本來就是不能被安排的。人生的際遇也許像朝陽一樣可喜，像綿羊一樣可親，也許像惡魔一樣恐怖。可是，你萬萬想不到會一下子時運不濟，處處遭遇打擊，被人誤解侮辱，壓榨欺淩，如遇猛虎。更慘的是，有時厄運如同車輪，在你的頭上若無其事地軋過。

生活中的種種遺憾和不幸便是這樣不能絕對避免的，但是，當我們不得不面對殘酷的命運時，只要你心裡充滿陽光，所有流汗淌淚的日子也會燦爛如花，種種苦澀都會化為唇邊雲淡風輕的一抹微笑。我們要用自己的堅強守住生命的永遠鮮活，即使孤苦淒然也要昂起不屈的信念。要抱著千份虔誠美好的信念，守著一顆淡泊寧靜的心，才能找到心靈棲息的家園，才能在百花蕭瑟的秋季笑傲天下。

來看一則故事：

一位旅行家去進行一次長途旅行。在旅途中，他聽到了一陣悠揚婉轉的歌聲飄來，歌聲裡充滿了歡樂，而唱歌的是一個看起來很陽光的男孩。

男孩的歌聲實在唱得太好聽了，就像秋日的晴空一樣明朗，如夏日的泉水一樣甘甜，任何人一聽到這樣的歌聲，都會立即被吸引住，停步不前，讓自己完全享受這份美好的旋律之中，讓歡樂縈繞著自己。

旅行家駐足聆聽，一直到整首歌曲唱完。這時，男孩走了過來，笑容滿臉，就像太陽下面正在盛開的一朵太陽花。

旅行家從來沒有見過一個人笑得這樣燦爛。旅行家根據自己的閱歷，想這個男孩肯定沒有經歷過任何艱難困苦，才能笑得那樣燦爛，那樣純潔。

於是，旅行家上前問候：「你好，朋友，從你的歌聲就可以聽得出來，你是一個與生俱來的幸運兒，你的生命一帆風順，既沒有嘗過風霜的侵襲，更沒有受過失敗的打擊，煩惱和憂愁也沒有……」

男孩聽了，笑著搖搖頭：「不，不是這樣的，其實就在今天早晨，和我相戀多年的女友無情地拋棄了我，而就在剛才我還丟失了我的錢包。現在我可謂是一無所有了！」

「啊！朋友，既然你都失戀了，一無所有了，心裡肯定會痛苦萬分，一般人遇到這樣的事情，肯定會大哭一場，而你卻在微笑、歌唱呢？」

「我當然要唱了，我已經失去了最心愛的人，丟失了我的錢包，我已經什麼都沒有了，如果再不唱歌，而是痛哭流涕，那我豈不是又失去了一份好心情？」

當丟掉了心愛的東西，為了不至於丟失其他的東西，我們有必要笑起來。

在修煉後，你不能忘記的心法

❶未經失戀，不懂愛情；未經失意，不懂人生；

❷過程中難免要有一些暗淡的色彩，也許會給生命帶來缺憾。但學會欣賞厄運之美，能使我們沉迷時變得清醒，軟弱時變得堅強，頹廢時變得積極，愁苦時變得歡樂；

❸如果不幸已經發生，那麼就去接受不可改變的現實吧，即使再不情願，也要及時收住自己錯誤的腳步，尋找新的方向。記住，事情已經發生，如果不能改變它，那麼我們要做的就是接受它；

❹丟失了心愛的東西在所難免，我們所要做的挽回，不是嚎啕大哭，而是鎮靜下來，嘴角露出一絲微笑，這樣，一切的不幸才顯得那麼平淡，你才能更好地面對你的人生。

2 CHAPTER

自由自在掌控命運的關鍵 15項

沒有淚水的灌溉，就不會有稻田的璀璨；只有經過一次次的流淚才能讓我們逐漸的長大，我們要在一次次的流淚中幡然醒悟。

關鍵1

有什麼方法可以控制我們控制不了的事情？

生活中，我們往往會因為剛剛發生不愉快的事情而傷心、而流淚，但要記得先哲的一句話：「不要為剛剛打翻的牛奶而哭泣。」因為打翻的牛奶流了一地，再也回不到乾淨的玻璃杯中，再也不能喝了。因此，我們不必為打翻一地的牛奶而傷心哭泣，牛奶打翻了就打翻了，我們唯一能做的，就是從中吸取教訓，下次要小心，把牛奶放在一個安全的地方。而我們難免會打翻很多「牛奶」，正是因為打翻了這些「奶瓶」，讓我們慢慢地長大。

孔子也說：「成事不說，遂事不諫，既往不咎。」這是告訴世人：已經做過的事不要再評說，已經完成的事不要再議論，已經過去的事也就不要再追究了。同時也告知我們：做事情不要被已經發生的相關的事情所困擾，只要是正確的，就要義無反顧地走下去，沒有必要因為做錯了什麼事情而悔恨，眼光要向前看。

另外，南宋愛國詞人辛棄疾在一首詞中寫道：「歎人生，不如意事，十之八九。」的確，我們不可能事事順心，萬事如意，我們常常會打翻「牛奶」。

比如，工作失誤被老闆炒了魷魚，我們不能哭泣，大不了再找一份新的工作，努力讓自己更出色，讓自己的工作更細心；被降職，不會逢迎被頂頭上司冷落，我們不能哭泣，大不了重頭開始，學會察言觀色，有時也拍一拍上司的馬屁；送學術刊物的論文泥牛入海，我們不能哭泣，大不了我們還有下次，回去努力充電，做好更充分的準備……林林總總，不一而足。一旦遇到這樣的事該怎麼辦？在現實生活中，有的人對於曾經失去的機會耿耿於懷，每當失意的時候，很多人都想大哭一場，都會感歎，如果當初我那樣做，那麼現在我將是怎樣怎樣了。

但關鍵是你沒有那樣做，關鍵是你已經打翻了「牛奶」，如果你再自怨自艾下去，你將永遠也喝不到牛奶。所以，過去的事情完全沒有必要放在心上，你當初那樣做，一定有你那樣做的理由，誰也無法預測未來，不能用你的今天去對比你的昨天，然後使自己生活在痛苦中。這兩者之間根本就沒有可比性，對於現實來說，預測永遠都要甘拜下風，你當然不必為曾經的選擇失誤而傷心沮喪，唯一能夠做的就是在錯誤中吸取經驗教訓，大不了再重新喝一杯新的「牛奶」。

來看一則故事：

在美國紐約市一所中學任教的威爾頓博士曾給他的學生上過一堂難忘的課。這一個班多數學生為過去的成績感到不安。他們總是在交完考卷後充滿了憂慮，擔心自己不能及格，以致影響了下階段的學習。

一天，威爾頓在實驗室裡講課，他先把一瓶牛奶放在桌上，沉默不語。學生們不明白這瓶牛奶和所學的課程有什麼關係，只是靜靜地坐著，望著老師。威爾頓忽然站了起來，一巴掌把那瓶牛奶打翻在水槽中，然後他在黑板上寫下了一行字：「不要為打翻的牛奶哭泣。」接著，他叫學生們到水槽前仔細看一看，並說：「我希望你們永遠記住這個道理，牛奶已經淌光了，不論你怎麼樣後悔和抱怨，都沒有辦法取回一滴。你們要是事先想一想，加以預防，那瓶牛奶還可以保住，可是現在晚了，我們現在所能做到的，就是把它忘記，只注意下一件事。」

牛奶已經打翻了，就沒有必要再為它哭泣，**我們所要做的是吸取教訓，或者重新倒一杯牛奶。**

在修煉後，你不能忘記的心法

❶在激烈的社會競爭中，杯中的牛奶可能被打翻，遇到這樣不如意的事，不哭天抹淚，不怨天尤人，不消沉頹廢，不心灰意懶；

❷聰明人永遠不會坐在那裡為他們的損失而哀歎，卻用情感去尋找辦法來彌補他們的損失；

❸我們都經歷過某種重要或心愛的東西失去的事情，其大都在我們的心理上投下陰影。究其原因，那就是我們並沒有調整心態去面對失去，沒有從心理上承認失去，總是沉湎於已經不存在的東西，沒想到去創造新的東西；

❹不要讓「打翻的牛奶」潮濕了我們的心情，我們還有很多事要做，我們沒有理由因為這件事而拒絕這一天的生活，相反我們應該將這天的生活過得平靜而懇摯，這樣才會有豐盈的過去，也才能開創未來。

關鍵2

用什麼法則可以沒有負擔的面對人生起落？

我們常說：「苦盡甘來」。意思是說一段苦日子過後，就會換取一段幸福生活的到來。因為在現實生活中，一個人不可能一直走運，也不可能一直走霉運，任何苦難到了盡頭，都會轉向好的一面，這就是否極泰來的道理。

人生就像一場雲霄飛車，一段人生低谷過後，就會重新衝到另一個頂點。當你處在軌道上的低點的時候，別忘了你正在為衝向下一個高處作準備。

如果你現在還處在苦難中，還在苦苦掙扎，那麼不要緊，因為你正在向一段甜蜜靠近。當你現在還在為工作忙得焦頭爛額時，一所大房子正在悄悄地到來；當你對心愛的女孩還在苦苦追求時，一個美麗溫柔的妻子正在不遠處等你……

來看一則故事：

李娜是一名財務會計，工作兢兢業業。可是在公司的精簡人事中，不幸被裁員了。對於這突如其來的打擊，已是中年的她心裡很不是滋味，甚至吃不下睡不香。

一天，賦閑在家的她去菜市場買菜，看到了一個和她年紀相仿的婦女正在給來往的人擦鞋。忽然，一個靈感湧現了腦海「如果開一家擦鞋的店，不僅成本不會很高，而且目前還沒人開擦鞋店，競爭不多，這樣就可以解決就業問題，同時也給家裡增添了收入」。

晚上，當她把自己的想法告訴丈夫時，丈夫立即出言反對：「你要去擦鞋？每天和一些臭鞋子打交道，難道你不覺得噁心，我還感到丟人呢。」

「只要有工作，又能掙錢，有什麼不好？」李娜反駁說，「我現在這個年紀很難再找到一份體面的工作，況且這也是辛苦掙來的錢，怎麼就丟人了？」

最終，李娜還是自己決定租了一間門市，買了擦鞋的用具，這樣，第一家室內擦鞋店誕生了。

為了吸引顧客，她不惜降低一倍的價格，擦鞋市場價一般為一百塊一雙，她收五十塊，這樣一來，很多需要擦鞋的人都把鞋送到了她的店擦鞋。每天她早早地開門，還另外雇了四名員工，忙得時候一天要擦三四百雙鞋，有時忙得連吃飯、喝水的時間都沒有。每天貪黑早起，非常辛苦。

由於每天都有錢賺，每天都非常勞累，很快忘記就原本失去工作的挫敗感。她賺到了創業的第一桶金之後又將擦鞋店重新裝修了一番，配上了空調、沙發和好看的鞋箱，雇傭的員工也統一著裝，鞋店搞得有模有樣。

最後，李娜與人合夥，註冊了「李娜擦鞋有限公司」，並吸收那些在街頭小巷零散的擦鞋工加盟，形成了連鎖店。李娜沒有想到半年前自己還是一個小員工，如今卻當上了公司老闆。

當自己在不幸的低谷時，是為下一步厚積薄發做準備。只要不輕言放棄，最終就會與成功握手。而這一段苦難的過程，也將變得甜蜜。

在修煉後，你不能忘記的心法

❶一分耕耘，便有一分收穫，一份對苦難的耕耘，就會有一份對甜蜜的收穫；
❷人生就像是在玩一場雲霄飛車，經歷一段低谷，就會沖向一定的高度；
❸不經歷人生的一些風吹雨打，怎麼可能見彩虹，因為陽光總在風雨後；
❹苦難與幸福組成了人生的波浪，只有不斷經歷苦難，才能推著幸福向前進。

關鍵3

我只是想單純的生活，為何還要面對這麼多是是非非？

先看一則發生在我們身邊的故事：

林素娜曾經是一個優秀而又驕傲的女人，然而，有一天，不幸光臨她了。在一次大火中，她的下半身被燒傷。時間一長，下半身潰爛，散發著惡臭味。這時，她再也控制不住自己的情緒，幾乎瘋了，脆弱得像一個一碰就碎的瓷器。本是最需要安慰的時候，她的男朋友卻選擇離開了她。

所有的人都認為林素娜會堅持不下去，然而，出乎大家意料的是，面對男朋友的離去，她並沒有責怪他，而是紅著眼睛微笑著面對他人。

每當看到她的傷用紗布包起來，然後再一層層地揭掉，每天要這樣幾次換藥，她就疼痛難忍，病房裡充盈的全是她痛苦呻吟的聲音。

幾天之後，醫生也不忍下手了。

這時候，林素娜咬緊牙關對醫生說：「您們不敢放開膽來撕，我來撕。」於是，林素娜閉上眼睛，使勁地撕那些紗布，像對待敵人一般。

對於林素娜的堅強，醫生們很讚歎不已。又經過一段時間的調養，林素娜的傷勢得以好轉，她這時候不再是大聲地叫喊著撕那些包紮傷口的紗布，而是沒有一點痛苦的表情了。最後，她痊癒了。

當朋友都來恭賀她出院時，有一個朋友驚奇地問：「素娜，你是怎麼熬過這幾乎是世間最難忍的疼痛的？」

林素娜微笑著說：「一開始，面對這些疼痛，我會哭、會叫、會喊、會罵別人，但這些反而加重了我的痛苦。我才知道，這些疼痛發生在我身上，只有我才能感知，發洩到別人身上只是徒勞無功、讓別人笑話。我便開始去承受、去忘記。我戰勝這些疼痛的方法很簡單，也就是把這些疼痛分成若干部分，告訴自己，每過一個部分就勝利了一步，我發現我更能堅持下去，便能在這有計劃的忘記、戰勝病痛中，很高興地活了過來。」

如果你還不夠過癮，再看一則真實的故事：

吳澤凱是一名員警，在一次案件中，因為勇敢阻擊搶劫犯而被歹徒用槍傷到。當時，子彈從他的太陽穴射了進去，因此，他的大腦幾乎全被毀了。

吳澤凱的媽媽聽到這個傷心的消息後，立即趕到醫院。然而，躺在醫院裡的兒子已經是植物人了。她不敢相信這個事實，兩天前，兒子還生龍活虎地站在她面前，而如今卻一直閉上眼睛，而且可能永遠都閉上眼睛。

吳媽媽雖然傷心欲絕，但仍然沒有灰心喪氣，而是一直陪著他，吃睡都在他身邊，嘴裡一直喃喃道：「兒子，你堅強些吧，你堅強些吧！」

一個星期後，吳澤凱的肌肉因為血液流通不暢而開始萎縮。儘管如此，吳媽媽仍沒有放棄他，而是開始每天給他按摩肌肉。晚上天氣寒冷，吳媽媽為了給兒子增加溫度，就把兒子疼痛難忍的腿放在自己的懷裡溫暖著。

吳澤凱一直處於半昏迷半不醒的狀態，當醫護人員無可奈何時，吳媽媽卻發現了，每當她喊兒子的名字時，兒子的心臟都會跳動一下，而且表現得非常明顯。這足以說明吳澤凱已經有了感應。當醫生得知這一結果時，他們也稱之為醫學界的奇跡。

吳澤凱半昏睡了一個月後，有一天，吳媽媽在給他揉完腿以後，就開始給他講他小時候的故事。吳媽媽在講到動情之處時，還激動地流下了淚水。這時，她忍不住問：「孩子，你聽見媽媽的話了嗎？如果你聽見了，就眨一下眼睛，好嗎？」

吳媽媽的話剛說完，吳澤凱的睫毛就動了一下，他的眼角處還流出了一滴淚水。吳媽媽又創造了一個奇跡。後來，他漸漸地蘇醒了過來。

半年之後，醫生便讓吳澤凱下床練習走路。在兩個醫護人員的幫助下，吳澤凱慢慢地下了床。不過，他的腿幾乎沒有了知覺。吳媽媽便雙膝跪在地上，先輕輕地挪兒子的左腿，再輕輕地挪兒子的右腿，如此反反復複。

八個月後，吳澤凱可以走路了。一年後，吳澤凱可以開口說話了，但只是重複著一個字：「媽，媽，媽……」

雖然這樣的故事已屢見不鮮，也是老生常談，但每一個這樣的故事都能讓人感動良久。尤其是當這樣的不幸發生在我們身上，我們能否以陽光的心態活下去呢？閒話便不多說，只希望我們能從中深有領悟，能**忘記不幸帶來的疼痛，活出精彩。**

在修煉後，你不能忘記的心法

❶即便某一天會痛苦不堪，也要勇敢去面對，會熬過不如意，翻開嶄新的一頁；
❷忘記不快的，銘記那些讓人溫馨的場面，就會心中湧動著一股正能量；
❸活下去、很好地活才是希望，才能有能力去改變；
❹當命運交給了我們一個爛攤子，要收拾得井井有條，做生活的強者，不光別人會悠然生敬，連上天也會嘆服，開始給你送來幸運！

關鍵4

怎麼走可以讓人生顛波的路上更順遂？

最近，和一位朋友聊天，他的故事很讓人感動，他的名字叫阿成。

來聽聽他的故事：

阿成出生於上個世紀六〇年代末的屏東，他的爸爸是一位雕塑家。阿成和爸爸媽媽雖然生活得平淡，但也快樂。

一天，爸爸對年僅五歲的阿成說：「爸爸要到臺北去發財，等賺錢了回來接你和媽媽。」阿成問：「要到什麼時候呢？」爸爸指著院子裡的那棵梨樹苗說：「等它結果了。」

從此，照顧梨樹、等待爸爸歸來便成了阿成唯一的願望，可是，五年過後，梨樹結果了，爸爸卻沒有回來。又等了一年，爸爸還是沒有回來，這時候阿成認為爸爸可能是因為太忙，所以更滿懷希望地照顧著梨樹。當梨樹第三次結果的時候，爸爸還是沒見回來，這時候鄰居說他爸爸可能不會回來了，阿成有點灰心了，但決定再給爸爸一年的機會。當梨樹第四次結果的時候，爸爸還是沒有回來，這時阿成氣憤極了，跑到院子裡，掄起斧頭將那棵梨樹砍倒在地。

十五歲時，媽媽染上了風寒，在最需要人的時候，還是不見爸爸的蹤影，不久後，媽媽離開了人世，阿成便決定要去找那個負心人！

十七歲時，在鄰居的支持下，阿成到臺北去找爸爸。當按照爸爸曾經寄信的地址找到爸爸曾經工作的單位後，聽這裡的保全說他爸爸在七年前就去廈門了。廈門？阿成不知道爸爸為什麼會忍心拋妻棄子，到那麼遙遠的地方。為了弄清原委，阿成決定去廈門，便去基隆港打工，一年之後，得到了乘輪船去廈門的機會。

到達廈門之後，阿成幾經周折，終於得到了爸爸的消息。原來他的爸爸要舉辦一場著名的雕塑展，阿成崩潰極了，決定要在雕塑展上當著眾人的面揭露他爸爸醜惡的行徑，以便為自己的媽媽討回公道。

當在雕塑展廳時看到了滿臉滄桑、佈滿皺紋的爸爸，阿成的心一下子軟了，更讓他想像不到的是，爸爸面前放著一張輪椅，輪椅上坐著一個滿頭銀髮的老太太。只見他爸爸在老太太臉上親吻了一下，便推著輪椅走向了遠方。

阿成不明白，從賓客那裡得知了事情的真相。原來，那位老太太是父親的親生母親，她患上了絕症。父親是經過多麼大的內心掙紮，才痛苦地捨棄了妻兒，毅然地承擔起照顧著生母的責任。父親想要通過舉辦雕塑展賣出的錢，來給生母做最後的手術。此時，阿成的心異常矛盾，但是，他還是不能夠原諒父親，帶著複雜的心情，悄悄地離開了展場。

幾年之後，父親在廈門去世了，他的遺體停放在醫院中，等待他的親人前來把他的遺體帶回去安葬。在父親的遺囑中，他要和妻子葬在一起。

得知這個消息的阿成回到了屏東，撲到媽媽的墳前抱頭大哭。當他來到多年不曾進的家裡後，看到很多人圍在一起，有人說願意出一千萬台幣買下這座院子。阿成很奇怪，推開人群，看到院子裡多了一棵梨樹，上面掛滿了梨子。走近一看，才知道這是一件美輪美奐的雕塑作品，簡直跟真的一模一樣。

這是父親的最後一件作品，原來他並沒有拋棄阿成和妻子，而是一直盡著作為父親、兒子的責任。

懷著種種愧疚感，看著梨樹上的累累的果實，阿成轉過身，決定再回到廈門。

當第二次來到廈門之後，才知道父親原來是廈門人，這裡有生他養他的故鄉和親人，阿成聽著聽著，禁不住淚水打轉。但還是要按照父親的遺願把父親的遺體運回到屏東，和媽媽葬在一起。

當父親安葬了以後，阿成決定要到廈門，因為父親在廈門為他留下了宅子。在宅子裡有一顆顆漂亮的梨樹，每逢秋天的時候，梨樹結果了，阿成就會情不自禁地想起父親。

如今，已近半百的阿成每每想起這些經歷就禁不住淚流滿面，他說，他不再怨恨他的父親了，而且要一直感謝父親，是父親給他上了一堂有意義的課。

阿成希望無論人生之路多麼顛簸，都應該活出自己的精彩。他還告誡那些在「水深火熱」中的人們，正是這些不幸，才能讓你的人生更有價值，**終有一天，你會明白：「痛了，才會無怨無悔。」**

在修煉後，你不能忘記的心法

❶ 當遭到父親的捨棄，明白他的苦衷，他便值得原諒了；

❷ 我們現在少年多磨難，就會後來感謝這一份歷練，會因為這份痛，讓我們更為睿智；

❸ 成長的道路上，難免會遇到很多不測，當某一天明白了事情的原委，才發現，是那麼值得感動；

❹ 對於親朋的背叛要去容忍，這會涵養我們的胸懷，更能應對更大的打擊，做一個不倒翁式的人。

關鍵5

用什麼撇步可以不怕逆境的挑戰？

西漢史學家司馬遷說：「文王拘而演《周易》；仲尼厄而作《春秋》；屈原放逐，乃賦《離騷》；左丘失明，厥有《國語》；孫子臏腳，《兵法》修列；不韋遷蜀，世傳《呂覽》；韓非囚秦，《說難》、《孤憤》；《詩》三百篇，大抵賢聖發憤之所為作也。」是要告訴我們：受磨難而奮進才是身處逆境的哲學、要正確對待實現理想過程中的逆境！此外，還有宋朝的蘇東坡被貶黃州，將失意放在一邊，踩在腳下，吸天地之靈氣，得山川之厚贈，寫出千古不朽的前、後《赤壁賦》《念奴嬌．赤壁懷古》。

便要得知，人生會有很多失意，有職場上的、情場上的、官場上的。無論是哪種失意都在一定程度上摧殘了人的意志，讓人志氣消沉，然而如何對待這種失意的人生呢？

古人雲：「人生不如意事十之八九。」在人的一生中難免會遇到種種失意，但此處失意，並不代表在彼處也是如此，關鍵是我們以什麼樣的心態來面對失意。如果是以消極的心態對待，那麼心情將會更加失意；如果是以積極樂觀的心態對待，那麼心情將會逐漸走出陰霾，走向陽光。

就要相信一切失意都不過是人生必經的磨煉，就要相信沒有過去不的坎，那麼，就會走出失意，走向成功。

來看一則故事：

有一個快遞公司的年輕人乘飛機去別的國家送郵件，當飛機飛到大海上時，突遇風暴，頓時飛機失去控制而一頭栽到了海裡，其他的人都死了，只剩下他還活著。

他遊了很久始終看不到岸，這片茫茫大海，前看不見頭，後看不見尾，後來他被海浪沖到了岸邊，睜開眼一看卻是一個荒無人煙的小島。上面除了有很多的椰子樹，其他的就什麼也沒有了，簡直連一個動物都沒有，更別說有人了。

一下子難以接受現實的他過了很長時間才反應過來，但他還是抱著一線希望。他看到那些郵遞的物品，於是打開來，用它們砍樹木取火，製造工具。

這位當代的「魯賓遜」，每天都翹首看著海上，希望有船來將他救出這個荒無人煙的小島。然而，很不幸，他盼星星盼月亮，就是沒把船盼來。

島上沒有吃的也沒有喝的，在最初忍了幾天之後，他再也受不了了，於是他想到喝椰子汁，找螃蟹吃，這樣勉強可以支撐一下。

他的心理開始崩潰了，一想到自己以後要在這個荒島上度過餘生，他就一陣恐懼。那樣的話就再也見不到自己心愛的妻子和孩子，他簡直要瘋了。好在他還有隨身攜帶的家人的照片，他看著他們的照片決心尋找回去的路。

於是他開始砍伐樹木，造船，他不分白天黑夜地幹活，為的是在漲潮前出發。後來船造好了——那是一艘用樹幹拼起來的只有底板的簡單船隻，上面只能容下他一人。他在海上顛簸了整整兩個月，有好幾次差點被海浪打進海底，還有幾次差點被鱷魚吞噬，他頑強地與大海搏鬥著，終於靠著堅強的毅力回到了陸地。

失意並不可怕，反而會讓你變得更強大、更為偉大。

我們就要在失意中創造出一片價值了，會最終因為這份拼搏得到命運之神的垂青。

在修煉後，你不能忘記的心法

❶逆境是天才的晉升之階，信徒的洗禮之水，能人的無價之寶，弱者的無底之淵；

❷面對失意，鼓起勇氣，勇敢面對，才能將失意轉化為動力，兵來將擋，水來土掩；

❸人的一生中難免會碰到種種失意的事，此處失意，並不代表在彼處也是如此；

❹堅強地相信自己能戰勝失意，會因為這份失意讓你變得更為偉大。

為何只過了短短的兩年，你所認識的人就跟以前不一樣？

每個人都羨慕珍珠那光彩奪目的美麗，可是誰又想過它的誕生過程中，蚌所經歷的那漫長的苦痛。然而，生活中，我們好比那一個個含珠的蚌，必須忍受沙礫的無數次磨礪，才會一點點讓晶瑩的淚滴凝聚成一顆光彩奪目的珍珠。

其實，人類的形成也是如此。一個新的生命的誕生，必須要經歷漫長而撕心裂肺般分娩的疼痛。因為疼痛，才帶來了新生命的出生。由此可見，苦痛是上帝賜予你的一份最好的禮物。

在我們人生的道路上，就不是每一段都會灑滿陽光、充滿詩意了，也會遇上沼澤、寒風或面臨荊棘叢生的小道。也許你因為某場災難而傷身毀容，並且遭到了戀人的無情地拋棄；或者屢考公務員不就，卻招來同事們的閒言碎語；也許你久病不愈，卻一個人孤零零地躺在床上；或者你已經改正錯誤，卻依舊被領導同事冷落挖苦。此外，經濟的拮据、錯誤的處置、意外的不幸、一時的誤解都可能使你處於一時的逆境之中。這些生活的苦痛，應該是當下時代人一堂生命必修課題。

可見，生活不會給人貼上永遠幸運的標籤，每個人面對苦痛的選擇卻意志殊異。懦弱者盡嘗煩惱，度日如年；畏難者磨去銳氣，把苦痛作為安逸的搖籃；只有有志者自強不息，在面對似乎是毫無希望的境遇時，在苦痛的荒野上開墾孕育成功的沃土，把苦痛看作是上帝賜予的禮物。

苦痛可以讓一個人清醒，在執迷不悟中醍醐灌頂。在苦痛中，人常常能「冷靜地看世界」，能在痛苦中痛定思痛，會比較客觀地分析自己的利弊長短、成敗得失、優勢和不足，並能夠在較短的時間裡選定聚焦突破的方向。

另外，苦痛還可以培養一個人難能可貴的意志力量。長期的苦痛和不幸可以磨練出一個堅強的生命，培育出耐心、恒心、韌性和悟性，讓你的靈魂富有生命的活力。

來看一則故事：

在一所大學的禮堂裡，一位著名的企業家正在進行一次演講。這位企業家有著非凡的成就和他傳奇般的人生，因此，大禮堂下擠滿了慕名而來的學生。

在演講過程中，最為精彩的部分就是企業家講到了他那艱難的創業史，那些接二連三的挫折與磨難，那一次次置之死地而後生的傳奇般的故事，讓所有台下年輕的大學生們感歎不已。

最後，企業家對他的人生作了一個總結。他說：「苦痛其實是人生的一筆財富，也正是苦痛造就了今天的我。假如把我創業過程中經歷的幾次苦痛明碼標價的話，那麼每次苦痛都要價值千百萬元。」

企業家剛說到這裡，不料一位聽眾突然打斷了他的話，問：「先生，你說苦痛是財富，書上也說苦痛是財富，可是我現在正承受著苦痛，卻覺得它不但一文不值，而且簡直就像個魔鬼，它把我的自尊、事業、財富、愛情都毀了！」這個人的話在聽眾之間產生了共鳴，他剛說完，便又有人發問：「先生，這個世界上不知有多少人在苦痛的折磨中默默死去，難道對他們來說，苦痛也是人生的一筆財富嗎？」

企業家聽完類似的問話後笑了，然後講了一個故事：「有一位著名的航海家，立下雄心壯志，要獨自完成漂流大西洋的壯舉，這在當時是史無前例的。如果航海家漂流成功，他的名字將永載史冊。航海家雄心勃勃地出發了，在大海上他憑著經驗、智慧和信念，一次次和暴風雨搏鬥；和饑餓、疲勞搏鬥，戰勝了一次次苦痛，闖過了一道道險關。

可是，漂流了十幾天，他看不到一絲希望。不久，在一次和暴風雨搏鬥時，他的指南針不慎掉進了大海，他只能憑著經驗辨認方向。二十多天過去了，他仍看不到陸地的影子。航海家開始懷疑自己的判斷力，他認為自己是在海上無意義地兜圈子。精神的疲倦、體能的下降、信心的喪失，漸漸地使航海家失去了繼續前行的勇氣。但是，這些身體和心理上的苦痛並沒有打倒航海家，終於在一天早晨，他突然看到眼前出現了一片陸地。

最後，航海家成功地登上了這片陸地，原來這是一個小島。後來，為了紀念這位航海家的壯舉，人們用航海家的名字命名這座小島，這是上帝賜予他的一份最好的獎勵。」

苦痛並不是只會帶來不幸，它大多數情況下是上天的考驗，是上帝送給我們一份特別的禮物。

要欣然的去接受這份禮物，因為這份禮物將讓我們獲得不可多得的財富。

在修煉後，你不能忘記的心法

❶ 苦痛是上帝賜予我們的一份禮物，它給予了我們力量和勇氣；
❷ 不要把苦掛在嘴邊，「說不苦」的人，已將苦轉化為自己成長的養份；
❸ 苦痛可以錘煉毅力的持久性，培育出耐心、恒心、韌性和悟性；
❹ 苦痛是人生的一筆財富，你必須從經歷的苦痛中總結出寶貴的人生經驗，並靠這些經驗徹底戰勝苦痛，最終獲取成功。

關鍵1

人生有了缺憾時，你該怎麼補救？

世上每個人都是被上帝咬過一口的蘋果，都是有疼痛的人。有的人疼痛比較大，遭遇的痛苦比別人多，那是因為上帝特別喜歡他的芬芳。而在我們的人生旅途中，每個人都不可能一生都一帆風順，命運總是會或多或少地給我們一些無法解開的難題。但是，只要我們把人生疼痛看成是「被上帝咬過一口的蘋果」，那麼，我們的生活就會發生意想不到的轉變。畢竟在每個人身上，不如意的事情每個人都會有，這是作為人誰都無法避免的事，不同的是，面對疼痛，面對痛苦，你如何去看待，如何去處理。把人生疼痛看成「被上帝咬過一口的蘋果」，正是由於上帝特別喜愛，才狠狠地咬了一大口。

這時，對比一下周圍的很多人，會發現，他們總是在遭受到一點不如意時，就抱怨，開始放棄自己的追求，覺得自己不能脫穎而出，這一輩子就這樣沒有希望了。事實上，對於每一個人來說，人生不如意事十之八九，不完美是客觀存在的，也是每一個人都無法逃避的，但我們無需怨天尤人。我們只要記住：「當我們失意時，我們要面對自己；當我們成功時，我們也要面對自己」，不管是失意還是成功，我們都要有一顆敢於向命運挑戰的決心，這樣我們就能用堅強鼓舞自己，用知識充實自己，用自己的一技之長來發展自己。當我們走向成功時，我們才會發現生命的可貴之處。成功便在於看到自己的不足並且勇敢地改正它。如果我們能做到這些，我們就能坦然面對一切。

來看一則故事：

瑞尼諾穿上鞋時身高只有一百六十五公分，但他卻長期擔任菲律賓外交部長，並且工作成績顯著。以前，他總是覺得自己不如他人，經常為自己矮小的身材而自慚形穢。

為了盡力掩蓋這種缺陷，瑞尼諾在每次演說時都用一個箱子墊在腳下，然而結果他仍然沒有出色的表現，他很為自己的這種現狀而憂慮。有一次，他到法國考察，偶然間注意到拿破崙的蠟像，這時，他心頭一驚，因為他發現自己竟然比拿破崙還高。他想：「拿破崙能指揮千軍萬馬，能面對眾人侃侃而談，我為什麼不能？」

當他這樣想的時候，就決定以後徹底改變自我，於是，瑞尼諾扔掉腳下的箱子，並成為一名傑出的演講家。

後來，在他的一生中，他的許多成就卻與他的「矮」有關，也就是說，矮倒促使了他獲得了成功。以至他說出了這樣的話：「但願我生生世世都做矮子！」

一九三五年，瑞尼諾被應邀到聖母大學接受榮譽學位，並且發表演講。在演講的那天，高大的羅斯福總統也是演講人。在那時，許多美國人還不知道瑞尼諾是一個什麼樣的人。在那場演講上，瑞尼諾取得了巨大的成功。事後，就連羅斯福總統也笑吟吟地怪瑞尼諾「搶了美國總統的風頭」。更值得回味的是，一九四五年，聯合國創立會議在三藩市舉行。瑞尼諾以無足輕重的菲律賓代表團團長身份，應邀發表演說。講臺差不多和他一般高。等大家靜下來，瑞尼諾莊嚴地說出一句：「我們就把這個會場當作最後的戰場吧！」這時，全場登時寂然，接著爆發出一陣掌聲。最後，他以「維護尊嚴、言辭和思想比槍炮更有力量……唯一牢不可破的防線是互助互諒的防線」結束演講時，全場響起了暴風雨般的掌聲。後來，他分析說：「如果大個子說這番話，聽眾可能客客氣氣地鼓一下子掌，但菲律賓那時離獨立還有一年，自己又是矮子，由我來說，就有意想不到的效果。」從那天起，小小的菲律賓在聯合國中就被各國當作資格十足的國家了。

可見，每個人都會有殘缺，都是被上帝咬過一口的蘋果，要正視這種疼痛，才能有轉機。

生命因為疼痛變得更為茁壯！

在修煉後，你不能忘記的心法

❶上帝決不肯把所有的好處都給一個人，給了你美貌，就不肯給你智慧；給了你金錢，就不肯給你健康；給了你天才，就一定要搭配點不幸；

❷把人生疼痛看成「被上帝咬過一口的蘋果」，正是由於上帝特別喜愛，才狠狠地咬了一大口；

❸有的人疼痛比較大，遭遇的痛苦比別人多，那是因為上帝特別喜歡他的芬芳；

❹不經一番痛徹骨，哪得梅花撲鼻香。

關鍵8

無法選擇順境或逆境時，我該怎麼做？

當一粒種子不是落在了肥沃的土壤，而是落在了磚堆瓦礫中時，有生命力的種子決不會悲觀和歎氣，因為有了阻力，才能磨煉；有了成長的疼痛，才可以茁壯。因為它能經得起風雨，有了生命的韌性。

其實，每一種生命的誕生，都必須要經歷痛苦的磨礪。所以，我們不應該去畏懼這些疼痛，抱怨這些逆境，而是要懷著一顆感恩的心，在不幸中堅強不息，樂觀豁達。

感恩便是一種歌唱生活的重要方式之一。只有心懷感恩，我們才會覺察到困境中生活的美好。而懂得感恩，人生便有了更深沉的愛與更灼熱的希望，激勵自己不斷地去奮鬥，奮發圖強。

然而在現實生活中，很多人都有一種『通病』：「當接受別人幫助後很少會產生一種感恩的心理，甚至連起碼的『謝謝』都懶得說，這種冷漠足以刺痛每一個施恩者的心。」

這個世界對他們來說，永遠沒有快樂的事情，高興的事被拋在了腦後，不順心的事卻總念念不忘，掛在嘴邊。每時每刻，他們都有許多不開心的事，當他們不停地抱怨時，不僅把自己搞得很煩躁，同時也把別人搞得很不安和鬱悶。就像有些人把一切美好的事物視為理所當然，這些都被視為是他們應該得到的。因此他們從不會感謝誰，而一旦情況發生了變化，無論是天災還是人禍，他們都認為是冒犯了自己的利益，而怏怏不樂，甚至勃然大怒。

來看一則故事：

黃葉軒一出生就患上了腦性麻痹，這個病奪去了她肢體的平衡感。從小她就活在肢體不便及眾多異樣的眼光中，她的成長充滿了心酸、痛苦。然而她昂然面對一切的不可能，最終獲得了臺灣大學藝術博士學位。

在一次演講中，一個學生問：「請問黃博士，你從小就長得和別人不一樣，請問你怎麼看自己？你沒有怨恨嗎？」

「我怎麼看自己？」黃葉軒嫣然一笑，在黑板上龍飛鳳舞地寫了起來，「我好可愛！我的腿很長很美！爸爸媽媽這麼愛我！上帝這麼愛我！我會畫畫！我會寫稿！我有只可愛的貓！還有……」

教室內鴉雀無聲，沒有人講話。她回過頭來看著大家，再回過頭去，在黑板上寫下了她的結論：「我只看我所有的，不看我所沒有的。」

「只看自己所有的，不看自己所沒有的」，並且用一種欣賞的、滿足的、甚至讚歎的眼光去看自己所擁有的一切，這就是一種使生活變得更加輕鬆而快樂的智慧。

她對所有人說：「我有慈愛的父母，他們全心全意地愛著我；我有幾個和睦的兄弟姐妹，他們和我一起長大，我們一直都相親相愛；我有一個體貼的丈夫；我有一個聰明健康的孩子；我有一些樂於助人的好朋友；我有一份收入還不錯的工作；我有一台電腦可以上網流覽世界；我有一杯茶可以細細品味……原來我們擁有這麼多的美好，我們應該去感恩生命，感恩上天賜予你的一切，那麼，你還有什麼會感到不幸呢？」

懷著感恩的心去感受生命中的疼痛，會讓我們更勇敢地面對、豁達地處理。

感謝一切你所擁有的吧，無論是順境、逆境，都是對我們最好的安排，我們所要做的只是要學會在順境中感恩，在逆境中依舊心存喜樂而已。

在修煉後，你不能忘記的心法

❶若換一種眼光，去發現一切事物都對自己有利、有助的一面，那就一定會產生感動，進而感激一切你所擁有的、經歷的、遭遇的、得到的，甚至失去的；

❷在水中放進一塊小小的明礬，就能沉澱所有的渣滓；如果在我們的心中培植一種感恩的思想，則可以沉澱許多的浮躁、不安，消融許多的不滿與不幸；

❸不要抱怨一切的不如意，可以試著從另一個角度去想，這件事除了給自己帶來一些麻煩和不良後果，是不是還帶來了一些益處，長此以往，你會變得心態更加平和、樂觀；

❹其實，人生在世，往往會事與願違，但懷著感恩的心去感受，就會發現生活原來那麼美好，這也是一種真正的處世哲學，也是人生中的最大智慧。

關鍵9

在遭遇不幸的時候，你能做什麼事情？

幸與不幸就像一枚硬幣的兩面，關鍵看你如何對待了，當你遇到不幸的那一面時，總在想方設法把不幸的一面旋轉過去。如果你把它看成壓力，那你就真的很不幸；如果你把它看成財富，你其實也很幸運。日本企業家松下幸之助便由此有感而發說：「人生沒有百分之百的不幸；此一方面有不幸，彼一方面卻可能有彌補。『天雖不予二物，但予一物。』人們不必去強求二物，只要把一物發展好，人生就相當幸福美滿了。」

的確，人總會有一些缺陷，因為人不是神，不可能是完美無瑕，因此也就不可能有百分之百的幸運和成功。同樣，人生也總是有好運降臨的，不會有百分之百的不幸。就某一件事情來說，看似不幸，但其中卻可能有百分之五十的福氣在其中。例如有一個人缺了一條腿，平時他的活動可能很受限制，但是如果他上捷運，大多數的情況下會有人讓座。如果他雙腿齊全，那麼可能就不會有人讓座了。如果能這樣想的話，就能明白這種缺陷也不見得全是一件壞事。因為這是彌補缺一隻腿不幸的一種行為。如此看來，就沒有所謂的百分之百的不幸。百分之五十的不幸是存在的，可是在另一方面就會有百分之五十的福分。

所以說，當我們遇到不幸的時候，也要注意到還有百分之五十的幸福在等著我們。如果我們能夠以這種辯證的觀點來看待順境和逆境，那麼我們在遭遇一切大大小小的風雨時，便可以比較坦然，懂得生命旋轉的意義。

來看一則故事：

帕格尼尼是世界最著名的小提琴家之一，他技巧精湛，並且一生富有傳奇色彩，是音樂史上的一朵奇葩。他的一生遭遇了各種各樣的不幸。

帕格尼尼在很小時，就顯示出超高的音樂天賦，於是三歲開始學琴；八歲時，他拉小提琴已經在當地小有名氣；十二歲時，他成功地舉辦了一場個人音樂會。然而，伴隨著成功的光芒，而有誰知道他的不幸經歷。三歲時，出麻疹，差點喪命；七歲時患嚴重的肺炎，到了幾乎窒息的地步；三十五歲時，牙齒全部掉光；四十八歲時眼睛視力急劇下降，看東西模糊不清；五十歲時他變成了啞巴。

上帝賜予了他驚人的天賦，同時又給他各種各樣的不幸。他把自己長期禁閉起來，每天拉琴十至十二小時，忘記了吃飯，忘記了痛苦。

在他的生命中，上帝僅僅給了他兩樣東西：「唯一的兒子和小提琴。」他的琴聲風靡全球，擁有無數的傾聽者，與此同時，更讓人敬佩的是他在與病痛的搏鬥中，創造了獨特的指法和魔力的音樂旋律，贏得了全世界音樂愛好者的關注。幾乎歐洲所有文學大師如大仲馬、巴爾紮克、斯湯達、蕭邦都聽過他的演奏並為之激動不已。

著名音樂評論家勃拉茲稱他是「操琴弓的魔術師」。歌德評價他「在琴弦上展現了火一樣的靈魂」。李斯特讚歎道：「天啊，在這四根琴弦中包含了多少苦難、痛苦和受到殘害的生靈啊！」

不幸的另一面便是幸運，我們要接受這百分之五十的不幸，才能一生過得充實而又自在。

在修煉後，你不能忘記的心法

❶不幸可以讓人認真思考，並且為了改變這種不幸境遇而不斷追求，不斷奮鬥；

❷人總是有一些缺陷的，因為人不是神，不可能是完美無缺，因此也就不可能有百分之百的成功；

❸當我們遇到不幸的時候，也要注意到還有百分之五十的幸福在等著我們；

❹如果我們能夠以這種辯證的觀點來看待順境和逆境，那麼我們在遭遇一切大大小小的風雨時，便可以比較坦然，懂得生命旋轉的意義。

關鍵10

要怎麼把不幸的魔鬼變成幸福的天使？

德國哲學家尼采說：「如果生命是一顆酸澀的檸檬，就用它做一杯檸檬水。生命不僅要在必要的情況下忍受一切痛苦，而且還要喜愛一切痛苦，因為痛苦是人生前進的動力。」

我們的人生便與痛苦時刻相伴，因為有痛苦，我們的人生才完美。因為有了痛苦這樣最好的老師，我們才會從一個懦弱者變成一個堅強者。

痛苦是上帝也是魔鬼，痛苦能讓成功者變得失敗，充滿希望的人變得消極絕望。痛苦是上帝還是魔鬼，都在我們的一念之間，堅強者把痛苦當作動力，去尋找快樂的彼岸；而懦弱者會在抱怨痛苦的深淵中沉淪，從此與快樂絕緣。

那麼，不論你處在什麼樣的環境中，就應該試著把苦的檸檬變成檸檬水。比方說一位郵差，他每天要走幾十公里的路，固然會覺得痛苦，但看到路邊那些可愛的生命，就會賞心悅目，生活中快樂的多了。而這種痛苦是需要我們有細緻的目光的，才會獲得一筆可貴的財富。

同時，這種痛苦的財富不是用錢買來的，而是你逐漸經驗積累起來的。說不定，某一天別人的痛苦就會降臨到你身上。如果此前沒有和不幸做朋友，那麼很糟糕，你將會又一次苦不堪言。

人有必要和不幸握手言和，才能渡過一次次難關。

來看一則故事：

美國青年班尼雙腿高位截肢，面對人生的巨大不幸時，班尼沒有消極絕望，而是用超人的毅力戰勝了痛苦，走向了全新的人生。今天，班尼坐在他的輪椅上，是美國喬治亞州州政府的秘書長。二零零二年，班尼在家中砍了一大堆樹木的枝幹，準備做家中菜園裡豆子的撐架。當他把那些木枝裝在車上，開車回家時。突然間，一根樹枝滑到車下，卡在引擎裡，恰好是在車子急轉彎的時候。車子翻出路外，把他掛在樹上。他的脊椎受了傷，再也不能動彈。

那一年，他才二十四歲，從那以後，他從來沒走過一步路。如此年輕就要判定終身坐在輪椅上過日子。面對這突如其來的痛苦，班尼不知該如何是好。他內心充滿了憤恨和難過，他不停地抱怨他的命運是如此的不幸，他沉浸在消沉絕望中。可是隨著時間一年年過去，班尼終於領悟到抱怨命運和沉緬於其中是一點用也沒有的。

當他用內心的力量克服了震驚和絕望之後，就開始生活在一個完全不同的世界裡。他開始看書，尤其喜愛閱讀文學作品。他說，在十幾年輪椅生涯裡，他至少讀了近兩千本書，這些書給他帶來了全新的世界，也因為有書使他的生活變得更加豐富。他空閒時就聆聽好的音樂，曾經他覺得偉大的交響曲是多麼的煩悶，而現在卻能讓他非常感動。這還不是他最大的改變，最大的改變是，他現在有時間去思考。有生以來第一次靜下心來思考，仔細地觀察這個世界，從書中找到了真正的價值觀念。他發現自己以前所追求的很多事情一點價值也沒有。

看書讓他對政治產生了興趣。他逐漸開始研究公共問題，並坐著輪椅到處發表演說，他在學習和交流的過程中認識了很多人，很多人也逐漸地認識了他。靠著毅力和勤奮，班尼終於由一名殘疾青年變成了一名成功者。

假如班尼沒有遭遇截肢，假如班尼面對不幸時意志消沉，那麼，今天的喬治亞州州政府的秘書長將是另外一個人。可見，**當不幸降臨在青春的年華時，要有把負變正的樂觀心態。**那麼，就會坦然地活下去，而且活得很有尊嚴。

在修煉後，你不能忘記的心法

❶不僅要在必要的情況下忍受一切不幸，而且還要喜愛一切不幸，因為不幸是人生前進的動力；

❷不幸是上帝還是魔鬼，都在我們的一念之間，堅強者把不幸當作動力，去尋找快樂的彼岸；

❸要面向陽光，才會遠離黑暗；

❹當領悟了許多種不幸之後，更要樂觀，樂觀會讓你活得更好。

關鍵11

有什麼方法，不苛求自己就能做到完美？

在人生的道路上，有些不幸是你無法預料的，而這些不幸往往給你帶來了人生的缺憾，甚至是無法彌補的缺憾。然而，我們不必為了擁有這樣的缺憾而傷心落淚，因為這是每個人一生成長過程必須經歷的過程。愛情女神維納斯真正的美，並不是在它完美無缺的時候，而是在它斷了雙臂之後的那種缺失的美，正是擁有這樣缺憾的美，它才是顯得那麼成熟，才是一件真正意義上的偉大藝術品。

其實，我們的古人早就告訴我們這個道理了，「人無完人，金無足赤」，「水至清則無魚，人至察則無徒」，「不可求全責備」，「不必吹毛求疵」，「全則必缺，極則必反，盈則必虧」等，這一條條的名言雋語，說的都是這個意思。而世上只有相對的真理，沒有絕對的真理。我們便可以發現，有時候我們越要求「完美」失誤反而越多，會常常因此失去機遇，導致失敗。另外，凡事只要利大於弊，成功大於失誤，就應該給予充分的肯定。也可以這麼進一步認為，「完美無瑕」是我們不可能做到的，在這個世界上也是不存在的。任何事物的發展、任何人物的成長過程中都有缺失，「十全十美」不可能，「美中不足」才是常態。

對於完美主義者，他們最大的特點是：「要求自己，甚至對身邊的每一個人都提出要求，將每一件事情必須做到盡善盡美。」

那些完美主義者對自己的要求比別人更為苛刻，他們要求自己必須是完美無瑕的，所以同時也就給自己施加了很大的壓力，並為此常常自責而悶悶不樂，經常有挫敗感。與此同時也會牽絆到他人，結果使自己和周圍的人苦不堪言、不勝其累。

完美便是可望而不可及的，就要打開心靈的桎梏，解放真實的自我。當你不再注意自己是否完美時，或許有一天就會驚喜地發現往日渴求的完美，今天已然具備！

來看一則故事：

一天，小沙彌問他的師父清一大師什麼是愛情，清一大師叫他先到麥田裡，摘一棵全麥田裡最大最金黃的麥穗。期間只能摘一次，並且只能向前走，不能回頭。

結果，他兩手空空地走出麥田。

清一大師問他為什麼摘不到，他說：「因為只能摘一次，又不能走回頭路，即使見到又大又金黃的，因為不知前面是否有更好的，所以沒摘；走到前面時，又發覺總不及之前見到的好，於是，我便什麼也沒摘到。」

清一大師說：「這就是愛情！」

小沙彌又問什麼是婚姻，清一大師叫他先到樹林裡，砍下一棵全樹林最大最茂盛、最適合放在家裡作聖誕樹的樹。同樣只能選一次，以及同樣只能向前走，不能回頭。

這次，小沙彌帶回了一棵普普通通的樹回來。

清一大師告訴他：「這就是婚姻！」

小沙彌因為有了上一次經驗，所以便不再追求最好的、最完美的那一個，而只選擇了普通的一個，當然也就不再錯過了機會。

百分之百的完美只是一種虛幻，太過追求完美的人，總會有一次讓你痛哭流涕，因為完美的東西、完美的人是不存在的，**能夠接受不完美，享受人生的缺憾，才代表你真正的長大了。**

在修煉後，你不能忘記的心法

❶重新樹立評價自己的標準，改掉原來那種完美的、苛刻的、傾向於十全十美的標準，樹立一種合理的、寬容的、注重自我肯定和鼓勵的標準；

❷學習多讚美自己，把過去成功的事例列在紙上，坦然愉悅地接受別人的讚揚；

❸不可偏執，執著與執迷只是一字之差，因此，心態要保持健康和平和，不能妄想，要懂得收放自如；

❹要量力而行，把事情控制在自己能力的範圍以內，如果超出了這個範圍，那麼就不叫「力求完美」，而叫「自討苦吃」了；

❺不能作繭自縛，所追求的結果是讓自己更快樂，而不是定個目標，把自己打入萬劫不復的苦牢。

關鍵12

如何從犯錯當中學到智慧，讓你成為真正的東方不敗？

如果你在生活中犯了錯誤，哪怕是一個致命的錯誤，請不要為此而流淚，因為錯誤是長大的開始。因為每個人都會在錯誤中成長，正所謂「吃一塹，長一智」。既然錯誤已經發生了，就不要再斤斤計較錯誤的過程，你需要做的就是從錯誤中找到成功的契機，繼續前進。曾經有人做過了分析後指出：「成功者成功的原因，其中一條很重要就是：隨時矯正自己的錯誤。」

還有一個哲人認為：「成功，就是無數個錯誤的堆積。」錯誤是這個世界的一部分，與錯誤共生是人類不得不接受的命運，但錯誤並不總是壞事，因為可以在錯誤中汲取經驗教訓。當出現錯誤時，我們應該像有創造力的思考者一樣瞭解錯誤的潛在價值，然後把這個錯誤當作墊腳石，從而產生新的創意。而事實上，人類的發明史、發現史上到處充滿了錯誤假設和失敗觀念。想當初，哥倫布以為他發現了一條通往印度的捷徑；開普勒偶然間得到行星間引力的概念，他這個正確假設正是從錯誤中得到的；愛迪生雖然有很多發明，卻還不知道上萬種能製造電燈泡的方法。

另外，錯誤還有一個好的用途，那就是它能告訴我們什麼時候該轉變方向。比如你現在可能不會想到你的膝蓋，因為你的膝蓋是好的；假如你折斷一條腿，你就會立刻注意到你以前能做且認為理所當然的事，現在都沒法做了。假如我們每次都對，那麼我們就不需要改變方向，只要繼續沿著目前的方向前進，直到結束。結果也許就永遠沒有改變方向，嘗試另一條道路的機會。

來看一則故事：

一位老農場主把他的農場交給一位外號叫錯錯的雇工管理。

農場裡有位堆草高手心裡很不服氣，因為他從來都沒有把錯錯放在眼裡過。他想，全農場哪個能夠像我那樣，一挑杆子，草垛便像中了魔似的不偏不倚地落到了預想的位置上。回想錯錯剛進農場那會兒，連杆子都拿不穩，掉得滿地都是草，有的甚至還砸在自己的頭上。等他學會了堆草垛，又去學割草，留下歪歪斜斜、高高低低的一片；別人睡覺了，他半夜裡去了馬房，觀察一匹病馬，說是要學學怎樣給馬治病。為了這些古怪的念頭，錯錯出盡了洋相，不然怎麼叫他「錯錯」呢？

老農場主知道堆草高手的心思，邀請他到家裡喝茶聊天。「你可愛的寶寶還好嗎？平時都由他們的媽媽照顧吧？」高手點點頭，看得出來他很喜歡他的孩子。老人又說：「如果孩子的媽媽有事離開，孩子又哭又鬧怎麼辦呢？」「當然得由我來管他們啦！孩子剛出生那陣子真是手忙腳亂呢，不過現在好多了。」高手說。

老人歎了一口氣，說：「當父母可不易啊！隨著孩子的漸漸地長大，你需要考慮的事情還很多很多，不管你願意不願意，因為你是父親。對我來說，這個農場也就是我的孩子，早年我也是什麼都不懂，但我可以學，也經過了很多次的失敗，就像『錯錯』那樣，經常遭到別人的嘲笑。」

話說到這個節骨眼上，高手似乎領會了老人的用意，神情中露出愧色。

歷經一次次的犯錯才會開始長大，我們沒有必要埋怨錯誤，也不能看不起那些一再犯錯的人。當錯誤的次數多了，就是成功的人士了。**成功的經驗在於千百次的錯誤之後總結出來！**

在修煉後，你不能忘記的心法

❶如果你在生活中犯了錯誤，哪怕是一個致命的錯誤，請不要為此而流淚，因為錯誤是長大的開始；

❷謝謝那些你遇到的挫折，是它讓你跌倒之後懂得虛心學習，是它讓你成長；

❸當出現錯誤時，我們應該像有創造力的思考者一樣瞭解錯誤的潛在價值，然後把這個錯誤當作墊腳石，從而產生新的創意；

❹錯誤是成長的一部分，與錯誤共生是人類不得不接受的命運。

關鍵13

無論上天怎樣安排你的命運，你該做的事情是什麼？

有一首詩：「君生我未生，君死我未死。恨不與君生，年年相慕面。恨不與君死，黃泉長相見。」意思是說：妳出生的時候我還沒有出生，妳去世的時候我還活在世上。多麼想和你一起出生啊，那樣我們每年就可以見到面；多麼想和你一起去世啊，那樣即使我們活著的時候不能在一起也要死後相偎依。

關於這首詩，有這麼一則故事：

一位少女愛上了一位比她年齡大一點的男人，對他可謂是情有獨鍾。少女也希望能和他相守一輩子，但是，在她還沒有和他辦理結婚登記手續時，他被查出了患有絕症。他讓少女找個好男人嫁了，少女淚流滿面地說：「今生能遇到你，是我的幸運，即便是孤苦一輩子，我也認了！」

後來，那位男人離世了，少女並沒有再嫁。她到了其他的城市，一輩子守著那份感情！

有人說，這位少女太傻了，這是何苦呢？但要是對愛情不忠，只會讓別人不齒了。

尤其是當我們到老後會發現，一輩子有一個人值得守候也值得了。

同樣，也有一位「苦命」的女人：

有一位大學生暑假裡去做兼職，輔導一個小學生。小學生家住在一片風景秀麗的郊外，大學生常常騎著自行車來到郊外小學生的家。一次偶然的機會，小學生的堂姐路過他家的窗戶，聽到樓上隱隱約約有人在教小孩子讀書的聲音，就側耳聆聽。那種聲音簡直美妙極了，鏗鏘而又有力。堂姐就借助給小學生送水果的機會，看看到底是誰的聲音那麼富有磁性。這樣不見也好，一見大學生和堂姐頓時都有好感。堂姐感覺臉上發紅，趕緊放下水果捂著臉就跑開了。經打聽，那個教書的先生是堂弟的家庭教師，正在上大學。在瞭解了他的情況之後，堂姐覺得好像墜入了愛河。於是，堂姐每當想念那個人的時候，就用看望堂弟的理由去看望大學生。漸漸地，大學生和堂姐熟悉了。他們無所不談，在談到終生的伴侶時，堂姐說她非眼前的人不嫁，大學生心裡一怔，頓時明白了堂姐的意思，也笑著隨著附和，他非眼前的人不娶。

就這樣，大學生和堂姐漸漸地親近了起來，有了感覺。後來，大學生畢業後沒有事先告知堂姐就離開了那個城市。大學生以為他和她的感情不再會延續下去了，然而讓大學生感到意外的是，堂姐卻找到了他的家。看到家裡一窮二白、徒有四壁，堂姐並沒有打退堂鼓。她對大學生的母親說，她和大學生已經相戀多年了，她要生生世世和他在一起。大學生的母親也非常喜歡眼前的這位未來的兒媳婦，經常告誡兒子要好好地對待堂姐。

他們在農村裡幸福地生活了一段時日。後來，由於工作的原因，大學生被調到另外的一個城市教書。在離別的時候，堂姐說她會好好地照顧他的母親，等待著他的歸來。大學生含著淚，謝過堂姐就離開了。

誰知，這一去大學生就難再回來。雖然一開始也和堂姐通信，但漸漸地就斷了來往。而堂姐依然在照顧著大學生的母親，她相信終有一天她的未婚夫會歸來。

而大學生，在另一個城市教書一段日子後，決定謀取更大的發展，他來到了離家更遠的地方，打算白手起家，創立一番事業。然而，大學生的想法是好的，只是起步當初，步履維艱。在大學生幾乎無法生存下去的時候，一個女孩給了他無私的幫助。這個女孩是這個城裡一個有錢人家的閨女，父母雖然已經給他相了親，但她只獨鐘大學生。父母疼愛這個女兒，也只好遂了她的心願。大學生對女孩說，他已經有了心儀的對象了。女孩卻說，她不管，她要代替他的未婚妻在外面照顧著他、體諒著他。後來，她去打聽他的未婚妻的名字、家境等，女孩也學著大學生未婚妻的樣子用她的名字，用她的語氣等。

起初，大學生不習慣，但漸漸地，大學生就把女孩當作自己的原未婚妻看待了。大學生以為，他家中照顧他母親的那位未婚妻可能已對他死心，然而，當他打聽到他的未婚妻還在深愛著他時，大學生決定回家，去娶他的未婚妻。但是，大學生身邊的女孩卻眼淚啪嗒，她哭著讓大學生把她當成自己的未婚妻看待，她會像妻子對待丈夫一樣為他付出所有，她請求大學生不要離開她去娶別的女人，反正現在那個未婚妻也不知道大學生的境況，說不定時間長了，就會忘記大學生，尋找另外一個人嫁了。大學生耳軟了，聽信了女孩，只好暫時擱淺了回家的念頭。

為了永遠挽留大學生，這個女孩告訴大學生他的未婚妻已經嫁人了，而且和大學生的母親商量好只要她不洩露未來兒媳婦的底細，這個女孩就會無私地為大學生付出。雖然大學生的母親不情願，但是想想兒子在外也不容易，就暫且答應了女孩的要求。

大學生以為未婚妻真的嫁人了，漸漸地淡忘了她。而當初那個堂姐，在大學生母親的勸解下，就是不相信大學生已經失蹤了，她依舊要等待，哪怕只有萬分之一的可能，也要等待著大學生的歸來。大學生的母親傷心地說，不要再等他了，趕緊尋找自己的幸福吧，不要誤了自己，然而，無論大學生的母親怎麼勸解，那個堂姐就是死認理，一直相信會等到大學生的歸來。

大學生的母親知道辜負了這個未來的媳婦，但為了兒子能在外面過得好，這位母親不得不含著辛酸隱瞞了事實的真相。

許多年後，這位母親疾病纏身，在不久就要離開人世時，她把這位未過門的媳婦叫到身邊，老淚縱橫地說，她感謝她這些年來對她無私的照顧。其實，她的兒子並沒有失蹤，是她隱瞞了事實的真相，實在不值得原諒。

在明白了事情的原委後，這位未來的兒媳婦決定在婆婆過世後去尋找久違的大學生。大學生的母親含著淚在只有這位未來兒媳婦的陪伴下遺憾地離開了人世。

當大學生聽說母親已經過世時，他百感交集，決定要千里迢迢地來為母親送最後一程，然而，基於種種原因，大學生還是沒有見到母親最後一面，還是沒有來得及安葬母親。

當大學生滿面風塵地趕到家鄉的時候，他已經找不到了那個破落的家，取而代之的是一棟嶄新的房子。經打聽，大學生吃了一驚，原來是他的未婚妻在為他和他的家庭默默地付出。

大學生覺得自己被騙了又覺得虧欠未婚妻太多，趕緊沖進庭院，匆匆忙忙地、大聲地呼喊著未婚妻的名字。她聽到大學生在叫她，眼淚已經乾了，目光也呆滯了，不想到有一天他會回來。

看到著急的大學生，她欣喜若狂，只是說不出話來。當大學生看到她時，「唰」得一下子淚如雨墜，趕緊撲過去抱住她，說這些年來虧欠了她太多，從此以後，會寸步不已。那個未婚妻也情不自禁地流下了眼淚。大學生和他的未婚妻終於幸福地步入了婚姻的殿堂。

然而，人有旦夕禍福，三年後大學生因為偶然的車禍離開了人世，留下了那位少婦日日夜夜地思念、追憶。她時常夜半醒起，眼中掛滿淚珠，她不明白，為什麼他要這麼早離開她，這一次，他是永遠地從地球上消失了。

她無法接受現實，然而，還得活下去，在別人提議她再婚時，她卻搖頭，生生世世要等待那個並不可能的郎君歸來。

轉眼，就是幾十年過去了，她已白髮斑斑，然而一想起當初在家鄉與大學生的一面之緣就回味無窮。只是物是人非，今生有這樣一個可恨、可想、可等、可怨的人也就值得了。

這個故事是真實的，那個堂姐如今已步入晚年，她說，**她今生是這麼的不幸但又是這麼的幸運，有一個人值得她去相守，即便會孤苦一輩子，還是感到幸福。**

或許，命苦會讓很多人難受，不過，看完上面的兩個故事，你覺得苦難是不幸還是幸運呢？

在修煉後，你不能忘記的心法

❶人們常說「女人是水做的，是最命苦的」，但也有一些風風光光的女人，羨慕嫉妒恨只會讓自己更不幸了；

❷無論上天給你安排了怎樣的宿命，接受不了可改變，只要最後不淪落於悔痛就行了；

❸總有些人物的信守讓人感動，便要有這種信仰，會活得充足而快樂；

❹人們說「娶媳婦不要娶那種見異思遷、不忠誠的」，便可以得知，守候還會贏得別人的敬重，並不會苦了一生。

關鍵14

人生不可能總是晴天或陰天，你要如何學會轉換心境的能力？

夏天到了，打開空調的冷氣，驅逐炎熱的困境；冬天來了，打開空調的暖氣，掃除陰冷的寒意。人生也是如此，生活也有一年四季，有炎熱的「夏天」，也有冰冷的「冬季」。當你遇到炎熱和寒冷時，我們該怎麼辦呢？答案就是，我們應當給自己裝上一台「空調」，來順應環境的變化，幫助我們來驅除不幸，走出困境，而不是在不幸中苦苦掙紮，在水深火熱中左右搖擺。在自己心裡裝上一個隨時可以調節困境的「空調」，任外界花開花落，草長鶯飛，都只要看到內心的一片寧靜。而有的人一旦處於逆境，或是遭遇不幸，或是身處險境，他們就會心生恐慌、疑慮或者喪失信心，於是便無法支配自己的意志，苦心經營多年的計畫的毀滅也就接踵而至。這些人與一直辛苦地從井底往上爬而後又失足跌落的青蛙沒有什麼區別。那麼，如果一個人胸中充滿憂鬱，思想不集中，意志也不堅定，想突破困境、擺脫困擾是不可能的。

另外，不管何時何地都要給自己的心裝上一部空調，不管嚴寒酷暑，心裡都是春天不冷也不熱，這樣才是人生的最高境界。

與此同時，還要得知，人生路上挫折不可避免，失意不可避免，關鍵是，如果我們心裡有一部可以調節溫度的空調，那麼這些挫折和失意又能奈我何呢？

我們應該像一個手藝高超的廚師一樣，多一點調料，多一點攪拌，以滿足味覺的需要。當孤獨寂寞冷了，打開暖氣；當急躁熱鬧煩了，打開冷氣；當失去了，想想曾經的擁有；當痛苦了，想想過去的快樂，人生就會格外愜意。

來看一則故事：

一個公司的老闆，他總是面帶微笑，不管有什麼事，只要看到他那張微笑的臉，就會讓人在瞬間也高興起來。起初，人們以為他的微笑只是出於一種工作上應酬的需要，抑或只是表演，但後來人們發現，他不只是微笑在表情，更是微笑在心裡。

他便給人們講了一個他創業初始的故事：

曾經有一段時間，他的公司面臨著極大的困難，而他硬是咬牙挺著，期間，一個曾經借錢給他的朋友過來向他催債。這個時候正是他最艱難的時候，他拿不出那筆錢，他請這位朋友看在老鄉的份上再緩些時間，可是這位朋友堅決要將這筆錢拿回來，沒有任何餘地。

他沒有辦法，只好坐在那裡向朋友解釋目前的情況。最後這位朋友惱羞成怒，竟然不顧朋友情份對他破開大罵起來，他看著朋友怒不可遏、喋喋不休的樣子，真的無話可說，但也感到氣憤和傷心。昔日的朋友竟然如此這般對待自己，怎能不讓人難過？

可是，看著朋友依然故我的憤怒，他漸漸地不再感到傷心，他在心裡告訴自己：看吧，他正在給我表演喜劇呢！而我只是個看客，他的喜怒哀樂與我又有何干？於是，他索性坐在椅子上面帶微笑「觀看」起來。這位朋友見他如此，不僅更為惱怒，他搬起旁邊的凳子就砸在地上，臉上依然憤怒的表情。他還是坐在那裡，微笑著「觀看」。

最後，當這位朋友終於停下來時，他還是面帶微笑，沒有一絲氣憤的樣子。朋友終於忍不住了，一下子笑起來：「你可真是厲害了！沒見過你這樣沉得住氣的人，以後是幹大事的人。」

於是，朋友不僅沒有繼續追債，還投資了他一筆錢，幫他渡過了難關。

在心理安上一部「空調」，會無論遇到多少次搖擺，也會微笑著面對，會最終走出這一段不如意，迎來希望的曙光。

在修煉後，你不能忘記的心法

❶在心理按上一部「空調」，便可以隨時調節心情；
❷人在面對搖擺之時，有必要心中總是春天，這樣才會未來一片生機勃勃；
❸當孤獨冷了，當悶熱煩躁了，就有必要給自己按上一部「空調」了，會讓自己迎來一片舒適的天空；
❹無論人生的路上多麼顛簸，只有彈性的調整自己你才能真正的享受人生。

關鍵15

要怎麼做才能適應這個詭譎的社會？

孫小南出生在一個貧窮的家庭，她小時候就不明白，為什麼別人有好吃的好穿的，自己偏偏沒有，為什麼自己的家庭要比別的家庭窮？在上學的時候，看到同學可以買課外資料、零食，而自己穿的、吃的、用的都不如他們，孫小南越想越生氣。

當到大了的時候，看到別人住的、上班的公司都比自己好，孫小南想著又不舒服。她不相信她註定要過這種日子，可是她努力改變了，還是過著不好的日子。為此，孫小南經常埋怨她的處境不好。

有一次，孫小南和她的好友到大街上閒逛。看到有的女士穿著名牌，趾高氣昂地從她面前走過，很是羨慕，說：「等將來有一天我有錢了，也會像她們那樣大把大把地花錢，可是，始終沒有錢啊！」閨蜜說：「別再做小公主的夢了，我們雖然是窮人，可有生存的權力。」「可是，為什麼我爸爸不是千萬富翁啊，那樣子我就可以住豪宅，有有錢的男孩子追了。」閨蜜說：「別癡心妄想了，既然我們不是出生在有錢的人家，就要接受現實。」「可是……」孫小南還想說什麼，閨蜜忽然拉住了她的手，對她說：「你看看，這枚戒指多漂亮啊！」孫小南透過玻璃窗看去，發現那枚戒指十萬多元，真不敢想像，說：「別看了，再看咱們也買不起。」好友說：「你不是一直要當千金嗎？如果你成了千金，會把它買給我嗎？」孫小南說：「我買給你？那是天價，恐怕我一年的工資都買不起。再說了，你有男朋友，為什麼不讓他買，偏偏讓我這個窮女孩買？」好友說：「逗你玩的，別生氣，雖然我的男朋友富有，但是他不能給我什麼，我偏倒喜歡那種沒有錢倒是能給我全部的人。」看到好友嚮往的樣子，孫小南說：「我很羨慕你啊，你倒不識好歹，窮男朋友誰要，我要的是有車有房。」說著說著，眼中流露出憧憬的神情。

孫小南就這樣一直羨慕著別人好的出身，埋怨自己出身不好，也不相信自己會遇上出身好的人。

一次，她的朋友邀請她到一個宴會上聚餐，孫小南答應了。她打扮了一番，就去了宴會，沒想到她在宴會上依舊很寒酸，孫小南都不敢抬頭看別人，她覺得自己丟人死了。

就在她悶悶不樂地坐在一角時，一位男士向她伸出了手，說：「小姐，咱們跳一支舞吧？」孫小南說：「這又不是舞會，跳什麼舞？而且我也不會跳舞。」那位男士對孫小南很感興趣，就坐在孫小南身旁，說：「那麼，咱們喝酒如何？」孫小南極力地搖搖頭，說：「我不會喝酒。」「你不會喝酒，不會跳舞，那你會做什麼？」孫小南說：「我朋友讓我來，是給我介紹朋友的，並沒有讓我喝酒、跳舞啊！」那位男士聽了，反而對孫小南更感興趣了。

就在這時，孫小南的朋友過來了，說要給孫小南介紹一個新的朋友，而這個新的朋友恰恰就是剛才和孫小南搭訕的那位男士。他叫唐嘉豪，香港人，很多人都喜歡他。孫小南覺得他是一個富家子弟，也慢慢地向他頻送秋波。

宴會後，孫小南一個人走在回家的路上，這時候唐嘉豪開車過來，在孫小南身旁停下，問：「你家在哪裡，我送你吧？你看看你，喝得醉醺醺的。」孫小南說：「不用了，我一個人可以走到家裡。」唐嘉豪還是下了車，請孫小南上了車。

在車上，唐嘉豪說：「你家在哪裡呢？我送你吧！」孫小南說：「不用了，你把我送到火車站就行了。」「火車站，你到那裡幹嘛？難道想離家出走？」「想到哪裡去了，我家就住在火車站附近，再說了，我家裡很窮，怕你笑話。」唐嘉豪說：「我不會笑話你的，你喝成這個樣子，我還是送你吧！」孫小南不同意，唐嘉豪只好把她送到了火車站。

就這樣，第二天上班，同事看到孫小南懶洋洋的樣子，問：「你昨晚去哪裡了？到半夜才回來？」孫小南說：「你怎麼知道？」同事說：「我親眼看見的，是不是又約會去了？」孫小南說：「哪裡？他是一個富家子弟，我是什麼，一個貧窮的人罷了，永遠也當不了灰姑娘的。」同事說：「未必，說不定那小子就對你有興趣呢。」孫小南說：「雖然我嚮往有很高的身份，但我畢竟出身很卑微，我只有做好自己了，不然會讓別人笑話的。」孫小南打消了同事一再追問下去的念頭，專心地工作。

下班的時候，孫小南走在了路上，唐嘉豪又開車過來，說：「怎麼這麼巧，又碰面了，不如我送你回家吧？」孫小南說：「不必了，你先走吧！我一個人一會兒就溜達到家了。」但是，唐嘉豪執意要送，孫小南只好讓他送了。這次，唐嘉豪把孫小南送到她家的門口。

看到一個富有的青年送女兒回來，爸爸媽媽很吃驚，問孫小南：「你男朋友？」孫小南說：「哪裡的話？咱們這麼窮，他才看不上咱們呢。」爸爸媽媽興奮的勁頭被打壓了下去，便不再追問。

就這樣，孫小南每次下班都遇到唐嘉豪。孫小南覺得奇怪了，問他：「怎麼這麼巧？你不是每次都故意的吧？」唐嘉豪說：「我也覺得奇怪，怎麼每天都會遇上你呢？」孫小南說：「我怎麼以前在這條路上沒有遇見過你，現在倒屢見不鮮了。」唐嘉豪說：「我家最近搬家，所以我每天都走這條路。」說著又要送孫小南回家。孫小南沒有辦法，只好讓他送。

孫小南萬萬沒有想到，她會麻雀變成鳳凰，很快唐嘉豪向她求婚了，孫小南傻了，說：「你腦袋是不是糊塗了，怎麼身份地位不同，門不當戶不對的，求什麼婚？」唐嘉豪說：「雖然富有的女孩很多，可是我偏偏只愛你，你的可愛，你的單純讓我執著。」孫小南說：「你不是頭腦發熱吧？是不是把我得到手後就移情別戀？我雖然愛錢，但我告訴你，最討厭那種欺騙女人感情的男人了。」唐嘉豪說：「你放心，你是我的第一個女友也是我的最後一個。」孫小南說：「真的嗎？」唐嘉豪：「我敢對天發誓！」於是，孫小南相信了唐嘉豪。

一年後，孫小南和唐嘉豪步入了婚姻的殿堂，婚後她果真過著她曾經奢望的生活，有僕人，有豪宅……可是，一段時間之後，孫小南覺得還是原來的生活清靜，雖然不是那麼富有，但是過得很快樂，很知足。於是，孫小南對唐嘉豪說：「老公，咱們離婚吧？」唐嘉豪一怔，說：「為什麼？」孫小南說：「這不是我想要的生活。」「那你想要過什麼樣的生活呢？」孫小南就說出了自己的想法。唐嘉豪聽後，不但沒有責怪妻子，反而和妻子同舟共濟，說：「你要過那種生活我也要跟你一起過，反正到死都不離婚。」孫小南驚奇地問：「為什麼啊？」「因為我愛你啊！」「可是，你願意捨棄這麼富裕的生活嗎？」唐嘉豪說：「願意，我只要和你過著平常的生活。」孫小南不相信，後來發生的事情，徹底地改變了孫小南的想法，原來唐嘉豪真的會為了她放棄一切，孫小南哭著說：「我不離婚了，我要和你一直生活下去。」唐嘉豪笑了，說：「這才是我的乖寶貝！」

從此，孫小南幸福地生活著，不再在乎身份高低、貧賤的區分。

我們不要感慨出生在貧窮落後的地方，說不定你的機遇在這裡發生，讓人生獲得轉變；

在修煉後，你不能忘記的心法

❶婚姻不在於高低貴賤，兩情相悅勝過房子，車子、票子和金子；
❷無論是順境、逆境，都是對我們最好的安排；
❸一切都在發展與變化之中，便要有遠見的目光看到可觀；
❹有時候順其自然，反而更容易獲得幸運，這有所求有所不求便是最大的智慧。

3 CHAPTER

面對苦難的智慧

12則

我們一出生就必須與苦同在，這是上天賜給我們最好的禮物，因為苦是良藥，因為苦而覺醒，因為苦而成就非凡。

智慧1

在上「挫折」這堂課前，你該準備什麼？

古往今來，已經上演了很多振奮人心的面對挫折的故事，這裡也不再用大道理陳述。

先看一則讓人深有所思的實例吧：

有一個人日子過得非常清苦落魄。每天吃不到山珍海味，不僅如此，有時候還有餓肚子的危險，因為他曾經身上只剩下十一美元。他不僅沒有自己的房產，甚至連房子都租不起。他只好住在車裡（這在當時的美國，已經算是很困苦的生活了）。

生活的種種困難並沒有讓他就此放棄堅持的夢想，他反而把其當作墊腳石。由於他想當演員，就充滿希望地跑到電影公司去應徵。

於是，另一種挫折開始了⋯

他去電影公司，但是，對方經過面試，將他拒之於門外。理由很簡單，因為他外貌長得並不出眾，他的這張臉平常到在紐約大街上的人群裡一抓一大把的程度。而且他說話吐字不清，這更加不可饒恕，電影公司沒有義務為一個連話都說不清的人敞開大門，因為這無疑會增加公司培養一個演員的成本，起碼要幫助他矯正舌頭。

有人可能會說了，說不清可以打字幕啊！像很多明星說話都不清楚，但是，有字幕就沒問題了。說這些話的人不瞭解美國人的觀影習慣，一般情況下，他們是很不喜歡看字幕的，所以，往往影院裡播放的電影都是沒有字幕的。這就是為什麼後來李連杰打入好萊塢之後，曾自豪地說：讓美國人也看字幕了！

從電影公司拒絕他的理由上來看，人家也並不是故意為難他。他的這兩個缺點真的是做演員這個職業的絆腳石，尤其是第二點。

他第一次去就遭到拒絕，但是，他沒有服輸，又去了第二次，第三次……一次次地被拒絕，又一次次地奮起再試。最後，他去電影公司應徵的次數竟然達到了驚人的一千五百次！

如果換成是別人，早就無法堅持了，更不要說不怕拒絕勇往直前。因為正常人一般都會有這樣的邏輯：「我既然被拒絕這麼多次了，不是我不想再堅持，只不過可能真的像電影公司說的那樣，我不適合做演員。」

對於一個想從事這個行業的人來說，最大的打擊莫過於對方說自己根本就不適合幹自己喜歡的這一行，就像他，想當演員，卻偏偏以不適合幹這個為理由而被拒絕了一千五百次。

即便是這樣，他一直沒有退縮。他似乎天生有種不服輸的勁頭。他不僅應徵演員，還寫了一部劇本，並開始到處去推薦，希望能夠有電影公司看中投拍。但是很遺憾，等待他的還是被拒絕，而且比起應徵演員時的被拒絕次數，他推薦劇本時有過之而無不及，一千八百次，他被拒絕了一千八百次！

他沒有時間考慮為什麼不論是應徵演員還是推薦劇本被拒絕的次數總是這麼多。他繼續推薦自己的劇本，並且希望自己能夠演該片的男主角。

一次拒絕，就是一次挫折。但他不認為自己會輸，仍不退縮，在堅持著。終於，經過千萬次的挫折之後，他遇到了一位願意給他機會的老闆。而他也不負眾望，通過自己的認真努力堅持不懈，成為了國際巨星。從此，不僅財源滾滾，而且他的很多電影都成為了經典，例如《洛奇》、《第一滴血》等。他便是美國演員、導演及製作人史泰龍！

一千八百次的被拒絕，這是多麼慘痛的經驗，如果沒有不服輸的念頭，到最後只會退縮下來失敗。

挫折就像一把雙刃劍，可以用來當做退縮的理由，也可以將其化作前進的動力。

還有一則眾所周知的實例：

在十九世紀的英國，有一位英雄，他叫威靈頓。這位打敗拿破崙的英雄並不是一直一帆風順，他也曾經嘗過打敗仗的滋味，並且多次被拿破崙的軍隊打得落花流水。

最落魄的一次，是威靈頓將軍率領的軍隊全軍覆沒，他只好逃到了一個柴房裡去躲起來。

在饑寒交迫中，他想起慘痛的教訓，只想一死了之。但這時候，他看到有一隻蜘蛛在織網，

有一陣風吹來，網被吹破了。但蜘蛛馬上又吐絲，開始重新織網。好不容易又快織成了，又一陣風吹來，網子又散開了。蜘蛛又重新開始織網。

就這樣，不知經過了多少次，當風停了，蜘蛛就不用擔心網再破了。

威靈頓從這一幕中感悟良久，既然小蜘蛛能面對這麼大的不幸有頑強的毅力，何況是自己這個叱吒風雲的人物呢？

於是，威靈頓重張旗鼓，又經過七年的苦心修練，終於在滑鐵盧戰役中打敗了拿破崙，成就了自己。

這無數次的挫折才能讓我們更有領悟，就像「臥薪嚐膽」一樣會引導著我們向前走。

無論何時，都要不退縮，會因為這種不服輸的念頭，在困境中讓你迎來新的曙光。

在修煉後，你不能忘記的心法

❶挫折和無常，有時會接踵而至，這時候，要更堅強；
❷內心強大，才沒有人能傷得了你，你更需要在面對挫折時有十分勝利的把握；
❸退縮了只會成為別人失敗的笑柄，你有必要勇往直前；
❹不要害怕千番百次的失敗，總有一天你會得知，成就你自己的，正是源於這無數次的失敗。

智慧2

要怎樣才能快速把苦難化為成長的養分？

生活中，我們經常聽到那些經歷過苦難的人們這樣描述自己：「我嘗盡了人生的各種酸甜苦辣。」也經常聽到那些正在經歷苦難的人這樣鼓勵自己：「吃得苦中苦，方為人上人。」聽了這樣的話語，我們感到人生充滿了各種苦，需要嘗試各種艱辛，吃盡許多苦頭。

其實，我們還是沒有領悟人生的真諦。人生固然是苦的，但是苦的味覺不在嘴上，而是長在了心裡。很多人每天抱怨生活的苦，那是因為他們總是喜歡把苦掛在嘴上，而那些真正經歷人生之苦的強者，是在心裡感受苦的意義，從不訴苦，也不言殤，即便有時是在「啞巴吃黃蓮」，也是在有苦不說出。

在現實生活中，從來就沒有真正的苦難。面對困難時，不要就此絕望、妥協，腦子裡總想著自己不行了，而是應該發揮勇氣和智慧，堅強地支撐下去，那麼成功肯定離你不遠。因此，用心去感受人生的苦難，你會對苦難有著不一樣的領悟。

來看一則故事：

布朗的爺爺有一個美麗的「森林公園」，爺爺死前，把這個公園留給布朗，並囑咐一定要好好打理這個公園，因為那是爺爺一生的心血。

可是，就在爺爺死後不久，一天，突然下了一場暴風雨，一場雷電擊中了山上的一棵枯樹，引發一場森林大火，整個公園在一夜之間化成了灰燼。

第二天，看著漫山遍野焦黑的樹樁，布朗真是欲哭無淚。看到爺爺留給他的百年基業，在他的手裡毀於一旦，威爾頓難過極了，但是決心傾其所有也要修復公園，他便向銀行提交了貸款申請，只是銀行無情地拒絕了他。接下來，他四處求親告友，可是沒有人願意幫助他。

所有可能的辦法全都試過了，布朗始終找不到一條出路，他感到萬念俱灰，簡直就像世界末日到來了一樣。他一想到鬱鬱蔥蔥的樹林沒有了，就特別覺得對不起死去的爺爺。為此，他閉門不出，茶飯不思，眼睛熬出了血絲，整個人都憔悴了。

一個多月後，在國外度假的鄰居聽到了這件事情後，意味深長地對布朗說：「小夥子，公園被燒了固然令人感到可惜，但是更可怕的是你的眼睛失去了光澤。你的爺爺留給你這麼好的一座公園，是希望你每天能在山青水綠中快樂地生活，而如今你卻因為公園被毀整天愁眉不展，你的爺爺地下有知，這會比他失去這座公園更難過，知道嗎？我的孩子！」

聽了鄰居的這番話，布朗一個人走出了公園，走上了深秋的街道，呼吸著外面新鮮的空氣，心裡的痛苦頓時感覺減輕了許多。在一條街道的拐角處，他看見一家店鋪的門前人頭攢動，他下意識地走了過去。原來，是一些家庭主婦正在排隊購買木炭。那一箱一箱木炭忽然讓布朗眼睛一亮，他忽然看到讓公園復蘇的希望。

第二天，布朗雇了幾名燒炭工，將山上燒焦的樹木加工成優質的木炭，分裝成箱，送到木炭市場去賣。很快，這些優質木炭被一搶而空，布朗得到一筆數目不小的錢。

於是，他用這筆錢去苗圃訂購了一大批新的樹苗，並且雇傭了一些工人種在了公園的山坡上。

一個月後，整個公園變得一片綠意，生機盎然。幾年後，一個新的公園又誕生了。

最可怕的不是眼前的苦難，而是被自己打敗了。要在**接受了這一份苦痛之後，更好地站起來，才能迎來一道曙光，一片新的世界即將打開！**

在修煉後，你不能忘記的心法

❶痛苦留給的一切，請細心回味！苦難一經過去，就變為甘美；
❷苦由心生，苦隨心轉，改變內心深處苦的味覺，便可以改變命運；
❸微笑面對痛苦，坦然面對不幸，把苦藏在心裡，便會蘊涵著一股堅實的、無可比擬的力量；
❹快樂或者煩憂，不在於你遇到了什麼苦難，而在於你如何面對這些不幸。

智慧3

經過痛苦和憂愁之後，你還值多少錢？

人的一生，就像一趟旅行，沿途中既有數不盡的坎坷泥濘，也有看不完的風景。

我們既能享受陽光、希望、快樂、幸福……也要面對黑暗、絕望、憂愁、不幸……微笑面對生命的一切，永遠積極地生活！

雖然，每個人的人生際遇不盡相同，而且命運也並不是對每一個人都很公平，但是上帝在關上一扇窗的同時，也會為你開啟另一扇窗。面對窗外的大地和天空，就看你能不能高昂起你的頭，用一雙智慧的眼，透過歲月的風塵尋覓到輝煌燦爛的繁星。先不說生活怎樣對待你，而是應該問一問你自己，你是怎樣看待生活的？

當面對陰暗時，如果心總是被憂愁、沮喪所覆蓋，乾涸了心泉、黯淡了目光、失去了生機、喪失了鬥志，人生軌跡豈能美好？又豈能成就大事？

人生是有陽光也有風雨的，一個人要想贏得人生，就不能總把目光停留在消極的東西上，那只會使人沮喪自卑、徒增煩惱，讓人生被生活的陰影遮蔽去它本該有的光輝。而其實，只要永遠保持樂觀積極的心態，笑迎人生的一切，那麼風雨過後，見到的一定是彩虹。

來看一則故事：

有兩個女孩，一個叫艾艾，是柏林市人，另一個叫茜茜，是倫敦姑娘。相同的是，她們都長相特別甜美，並且都愛笑，性格屬於那種先天的樂天派，可是她們的人生都是如此的不幸，都是殘疾人。

艾艾是先天性殘疾，一出生是兩條小腿沒有骨頭。在她很小的時候，艾艾就做了手術，截去艾艾的膝蓋以下部位。艾艾一直在父母懷抱和輪椅上生活。後來，她長大了，裝上了假肢，開始學會了走路，最後學會了跳舞和滑冰。她經常在女子學校和殘疾人會議上演講，由於她天生愛笑，長相甜美，最後還做了一位平面模特，經常成為時裝雜誌的封面女郎。

與艾艾不同的是，茜茜並非天生殘廢。她曾參加英國《泰晤士報》的「摩登女郎」選美，一舉奪冠。一九九零年，天生愛笑的她，作為形象大使出使非洲，幫助那裡的人們建立難民營，並用做模特賺來的錢設立茜茜基金，幫助因戰爭致殘的兒童和孤兒。一九九五年三月，在倫敦街頭，她不幸被一輛貨車撞倒，造成肋骨斷裂，並且左腿截肢。對於擁有美好人生的茜茜來說，失去一條腿意味著什麼，然而天性樂觀的她對著自己的假肢笑了笑，很快就從痛苦中恢復了過來，康復後她比以前更加積極地奔走，拼命工作，用做模特兒賺來的錢為殘疾人建立了療養院。

也許是一種緣分，茜茜和艾艾在一次會見國際著名假肢專家時相識。她們一見如故，對著彼此殘疾的雙腿笑了笑，似乎已經感覺到對方心裡在想什麼，很快兩人成為了好姐妹。

雖然肢體不全，但她們都不覺得這是多麼了不得的人生憾事，反而覺得這是一種奇特的人生體驗，她們不管在生活中遇到什麼不幸，都會一笑而過，她們覺得沒有什麼比失去肢體更不幸了，她們變得堅韌和有生命力。她們現在使用著假肢，行動自如。只有在坐飛機經過海關檢測，金屬腿引發警報器鈴聲大作時，才會顯出兩位大美人的腿與眾不同。

艾艾和茜茜更好地活，並笑著活下來，便足以見證了她們面對苦難時的輝煌燦爛的人生！

只要用笑去面對苦的人生，那麼，人生中就會活力滿滿，即便不幸會接踵而至，也會很好地從中走出來。

在修煉後，你不能忘記的心法

❶苦難就像彈簧，你弱它就強，你強它就弱，所以你要強；

❷微笑面對不幸，會充滿希望和美好；

❸一時的遇難並不是永遠的灰暗，多笑一笑，像彌勒佛那樣，人生會更可觀；

❹對自身的缺陷等，要去看淡，要萌生美好的願望，尋找生命的春天。

智慧4

若要人前顯貴，必須人後受罪？

當我們翻開那些具有輝煌人生成就人們的自傳，無論是社會名流還是成功商人，他們都具有一個共同點，那就是他們光鮮閃亮的人生背後，經歷了一個不為人知的苦難，有的甚至是一些致命的打擊與不幸。然而，正是這些苦難與不幸，猶如糞水污泥，滋潤著他們人生的小樹苗不斷地茁壯成長，在經歷一次又一次的風雨打擊後，最終長成了一棵不可撼動的大樹。

當回首往事的時候，他們感慨一生最值得炫耀的事情，不是擁有了多少財富，也不是在社會上獲得了聲名顯赫的地位，而是在某一次沉重打擊中沒有被打倒，沒有向苦難屈服，從不幸中艱難地走出來，從而獲取了今天的人生。這才是他們人生最絢爛的地方！

可見，人生必須要經歷苦難，生命之花才可以開得更為絢爛。通常成功之路並非一帆風順，有失才有得，只要我們擁有積極的心態去努力一拼，就不會被挫折打倒。其實，誰都有面臨困難與逆境的時候，關鍵是看我們怎樣處理。有些人在逆境中永遠消極，做一個失敗者；而有些人卻能夠積極地面對逆境，沖出重圍，走向成功。

既然逆境是不能避免的，那就讓我們從逆境中找到前進的動力，讓這股動力將我們推向成功。我們應該將逆境看作是成功的預兆、成功的墊腳石。讓我們牢牢記住一位西方哲學家說的一句話：「困難與挫折其實是上天故意安排來考驗我們的，其實，它就是成功的化身。成功與失敗把握在我們手中。」

來看一則故事：

有一座深山古剎，古剎裡供著一座雕刻非常精緻的佛像，吸引了很多人每天來到佛像前膜拜，而通往這座佛像的臺階也是由跟它採用同一座山體的花崗岩砌成的。

這些臺階看著每天有那麼多人把自己踩在了腳下，看都不看一眼，卻對佛像頂禮膜拜，終於不能忍受了，它們質問那座佛像說：「你看我們本質沒有什麼區別，都是來自於同一個山體的岩石，為什麼你的人生卻如此輝煌幸運，而我們憑什麼要遭受每天被人們踐踏的不幸？你並沒有什麼比我們了不起的地方？」

佛像聽了臺階們的抱怨，淡淡笑著回答說：「我之所以受到人們的膜拜，獲得今天的地位，那是因為我曾經受過的苦難遠遠是你們想像不到的。不錯，我們是來自同一個山體的岩石，然而你們僅僅只挨了四刀就舒舒服服地躺在了這兒，而我則經歷了千刀萬剮後，才站在了這兒，難道我不應該受到更燦爛的人生嗎？」。

臺階們聽了佛像的話，立刻羞愧地低下了頭，從此不再言語，默默地做著被人們行走的墊腳石。

誰經歷的苦難越多，便更有機會成為人上人，只有吃得苦中苦，才能生命之光更為絢爛！

在修煉後，你不能忘記的心法

❶正路並不一定就是一條平平坦坦的直路，難免有些曲折和崎嶇險阻，要繞一些彎，甚至會誤入歧途；

❷那些超越生命的奇跡，那些不可複製的成功，都是在經歷無數次苦難，在對厄運的不斷征服後出現的；

❸經歷一段苦難，能夠讓人成長；遭遇一段不幸，能夠讓人堅強；生命的耀眼在於苦難的堆積；

❹把人生的不幸看作是動力，把生活中的苦難當作是鞭策，這樣，你的人生之路就會越走越為寬敞。

智慧5

你能向迎面而來的挫折，勇敢的對它說聲謝謝嗎？

命運往往給我們的是一杯苦咖啡，我們所要做的是把它變成甜的檸檬水。無論過去是幸運還是不幸，要想更好地活下去，就應該感恩。

感恩，是一種境界，是一種美德；感恩，是結草銜環，是滴水之恩湧泉的相報；感恩，是值得我們去完成的世界性創舉；感恩，是我們應該珍視的愛的教育。感恩，可以消除內心上的所有積怨；感恩，可以滌蕩世間的一切塵埃。

來看一則故事：

美國小說家荷摩．克洛伊在寫作上幸運也不幸。他失去了住了十八年在長島佛洛裡斯特的家，那個地方給他留下了太多美好的回憶，他的孩子都是出生在那兒。如今卻要永遠地說再見，荷摩．克洛伊覺得十分悲傷。

他還記得，多年前他是多麼幸福，對未來充滿著美好的希望。那時，他的作品《水塔之面》賣出了影視改編權。他有了大量的積蓄，和家人到瑞士住了兩年。期間還不停地去旅遊。後來，他和家人來到了巴黎。在巴黎住了六個月後，他的另一本小說《他們必須見見巴黎》面世了。這本小說同樣賣出了影視改編權。

看來，當時荷摩．克洛伊的未來真的很美好，他就回到了紐約，希望在本國大獲發展。有人告訴他，說在紐約做生意會非常賺錢。荷摩．克洛伊是一個有生意頭腦的人，他決定做房地產生意，借此賺更多的錢讓自己過上更舒坦的生活。

但是，荷摩．克洛伊對房地產行業一無所知，憑著自己的勇氣，他把自家的房子賣了，然後在佛洛裡斯特山區購買了一塊建築用地，做起了發財的好夢。

然而，荷摩．克洛伊真的能成為大富豪嗎？他的想法太簡單了，原本想等地價漲到高峰時再賣掉，誰知，突然間經濟不景氣，土地賣不出去。荷摩．克洛伊這時著急了，一家人的生活因此陷入了難題。

他的太太經常抱怨他不好好地寫作要做房地產，這時，荷摩．克洛伊也後悔，他必須為那塊土地每月付出兩百二十元的代價。除此之外，荷摩．克洛伊想不到另外一個賺錢的辦法了。為了養家糊口，他不得不重又寫小說。只是這時，荷摩．克洛伊寫不出優秀的小說了，他的小說就像《舊約》中的哀歌一樣沒有人願意去讀，更賣不出去影視改編權。

荷摩．克洛伊的心徹底被打垮了，更有甚者，銀行結束了房子的抵押，把他和家人全部都趕到街上去了。

迫于生存，他們不得不借錢，租了一間小公寓。不過，在這間小公寓裡也過得不怎麼好，時常地，他家會因為交不起費用被牛奶公司停止送牛奶、煤氣公司把煤氣關掉。

荷摩．克洛伊簡直糟糕透了，他開始無止境地自責，整天不是酗酒就是悶悶地呆在那裡不說話。

後來，他想起了母親在他年少時的忠告：「不要被苦難打垮，要抱著感恩的心去經營未來。」

正是母親的忠告，讓他成長的道路上破荊斬棘。如今遇到了困難，豈會如此不堪一擊！

於是，他挺起了胸膛，依然感謝還有住的地方，繼續認真地寫作。

後來，他又賣出許多小說的影視改編權，生活也因此闊綽了。

荷摩．克洛伊一開始過著富足的生活，但是他做著想賺更多錢的美夢，卻不惜在房地產行業上一虧再虧。荷摩．克洛伊曾被打倒過，心靈上很脆弱，但是他抱著感恩的心去經營未來，不久後又過上富足的日子。

我們**不要對過去的不幸耿耿於懷，感恩會讓我們看到美好的一面。**

再來看一則故事：

有一位黃先生，他最愛的妻子因為癌症久治不癒而去世了。為此，他的天空簡直要塌了下來，他真不敢想像接下來的日子怎麼過，整天流著眼淚。他悲痛欲絕，想和妻子死于同穴。可是，他放不下他的三個孩子，如今他的三個孩子已經長大成人，只是還沒有一個成家。黃先生想著以後孩子的問題更覺得頭痛。於是，他認為他的人生走到了盡頭，在為自己的不幸而鬱鬱寡歡。

就這樣，黃先生恍若要見到了下世的光景。只有當親戚來看望他時，黃先生才覺得心裡好受一些。他的表哥常這樣對他說：「既然弟妹已經去世了，人死無法再復生，你這樣悲痛欲絕會有所效果嗎？而要是你因此活不下去的話，弟妹會原諒你嗎？想想你們的三個孩子，他們現在都長大成人，當他們以後掙錢了，你就可以享福了，為什麼要活得這麼不快樂呢？你不為你自己著想，也要為你的三個孩子著想啊！」黃先生泣不成聲。表哥接著說：「我覺得我的三個表侄兒就挺有出息的，起碼他們都考上了大學，現在大侄子、二侄女畢業了、工作了，雖然薪水還不高，但未來很樂觀，況且你一直疼愛的小兒子，今年就畢業了，你想忍心他將來沒有母親也沒有父親了嗎？」黃先生說：「可是，我也不想這樣，想想我那可憐的老婆，就覺得心中很難過，我不知道怎麼再活下去了。」表哥想了一下，說：「你這樣生氣、埋怨有用嗎？你去了你的孩子怎麼辦？他們就算都工作了，將來你四世同堂，何嘗不快樂，何必因為妻子的去世讓自己完全看不到未來呢？」「可是……」黃先生說到半截又話語咽了回去。表哥又耐心地勸說著。

這樣，黃先生覺得他的未來還有可望，起碼他還有三個孩子即將成才。黃先生想著想著，不覺擦乾了眼淚，他要振作起來，以感恩的心去迎接接下來的日子。

要知道，**天災人禍這些不幸是常事，要去接受。還要感恩逆境，這會讓我們走出低谷**，會苦盡甘來。

在修煉後，你不能忘記的心法

❶幸運還是不幸，是感恩的問題，感恩會讓我們活得瀟灑，渡過難關；

❷不要總與別人攀比，要看到自己的好處，才會心滿意足地走完這一生；

❸恨、愁、抱怨等就沒有必要了，感恩會讓我們成為人格高尚的人，即便會有不公平，也會顯得那麼微不足道；

❹感謝所有、感謝一切，會付出了溫暖，得到的也更為充實。

智慧6

你以為當個怕痛的懦夫就沒事了嗎？

先看一則故事：

有一個朋友，在一次車禍中倖存了下來。在車禍中，他五根肋骨骨折，還有輕微的腦震盪，幸運的是沒有生命危險。經過一段時間治療後，他最後終於健康地出院了。他後來在描述車禍的情景時，感慨道：「當時車禍來臨時，一切都來不及了，我只能感覺到我的胸腔撕心裂肺般的疼痛，我知道我還活著，因為我頭腦還清醒，還能感覺到痛，而身旁的司機則一動不動，因為他已經感覺不到疼痛了。」

生命就是如此，因為疼痛，所以你還活著。

是啊，在我們的生活裡，多少人在天災人禍中，絕處逢生；多少人從絕望、灰心、艱困、暗淡的逆境裡，重新鼓起精神，撿回希望，再創人生的光華。他們都在痛苦地活著。多少人在無數次失敗中，甚至到了走投無路的地步，但最終還是要勇敢地活下去，並且暗自地為自己鼓動生命潛在的力量，渡過難關，忍辱負重，最後再次重整旗鼓，揚眉吐氣；多少人在情場上遭受重大挫折，以致於心灰意冷，沒有勇氣活下去，但是當他知道天上的星星那麼多，地上的人兒比星多，何必吊死在一棵樹上？何必只為一時的失敗，就從此沒有勇氣活下去呢？他就忍著疼痛，選擇繼續活下來。

至於生命是什麼？生命就是好死不如賴活著；生活又是什麼？生活就是生下來活下去。因此，生命是活的，就應該好好地活。活著，就可以看到生命的光彩；死亡，就像日落西山，就算有生命的存在，但在人間已經沒有光輝。懼怕痛苦，選擇輕生的人，是弱者；要活著，感受痛苦的人，才是勇者的形象！

哪怕有再多的疼與痛，只要活著，本身就是一種生命的精彩。

再看一則故事：

從前，一個年輕人在感情上受到了一個很大的挫折，心中痛苦不已。於是，他來到一個教堂，對著耶穌的十字架訴說苦惱，痛哭流涕，而後他決定他要跟耶穌一樣，去尋找天堂，因為到了天堂，就像耶穌一樣，就算被釘在了十字架上，也不會再感覺到痛苦，而且他還聽說天堂很美好，不像現實的生活，就像地獄，有諸多的痛苦。

這一切都被教堂的神父聽到了，他來到這個年輕人面前，問：「年輕人，我可以問你兩個問題麼？」

年輕人心想，自己都是要死的人，就回答神父兩個問題吧，於是說：「好吧，請說！」

神父問：「你說你要到天堂去，可是天堂在哪裡？」

年輕人回答說：「天堂很遠，在天邊。」

禪師又問：「天邊在哪裡？」

「這個……」年輕人回答不出，說：「請指點！」

神父說：「天堂其實在你心裡。」

年輕人詫異：「天堂怎會在我心裡，我的心裡這麼痛苦？」

神父說：「因為你已被情傷，心裡感覺到了無比的痛苦，所以你覺得像活在了地獄裡；那麼在你沒有遭受打擊前，是不是很快樂，心裡樂滋滋地，感覺就像天堂一樣。所以，天堂就在你心裡。」

年輕人說：「謝謝大師的指點，那第二個問題又是什麼？」

神父問：「你認為的幸福是什麼？」

年輕人說：「幸福就是愛啊！」

禪師說：「錯！幸福就是你還活著。」

年輕人更加詫異：「僅僅活著就是幸福嗎？。」

神父說：「在這個世間，能活著已經是幸福的。很多人來不及享受生命就匆匆地走了，難道你不覺得自己是幸福的嗎？」

年輕人說：「活著是一種幸福，可是我現在很痛苦，簡直有種生不如死的感覺。」

神父說：「那你認為的痛苦是什麼？」

年輕人說：「痛苦就是沒有愛了。」

神父說：「錯！痛苦也是你還活著。」

年輕人說：「那我更加糊塗，活著是幸福，活著怎麼又是痛苦呢？」

神父說：「生而為人，就是要幸福和痛苦一起，這樣才叫做生命。你幸福是因為你還活著，你知道痛苦也是因為你還活著啊，不然你怎麼會知道有痛苦呢！」

年輕人說：「我明白了，我應該以感激的心，去面對生活，我所獲得的美好的、痛苦的，都是生活賜予我的，所以我是幸運的。也許生活曾經賜予我的，她也有權利收回。感謝神父，我決定勇敢地活下去，繼續生活在這裡，我會珍惜我所擁有的。」

窗外，陽光明媚，暖風習習，年輕人大踏步走出教堂，決定好好地活著。

可見，只有好好地活，一切才有價值。就無論是痛苦還是幸運，都有必要好好地接受了。

因為疼痛，所以你還活著！

在修煉後，你不能忘記的心法

❶海鷗孤獨地在大海上與狂風暴雨搏鬥；鮭魚逆流而上，破腹犧牲，也要堅持到最後一口氣，達到最終的源頭；一葉孤舟，因為經歷痛苦，才會有勝利的希望；
❷不管你現在是窮途潦倒，還是工作上、情感上的失意，只要你擁有了鮮活的生命，就能夠重生、能夠再起；
❸堅韌，會讓我們更毅力面對人生中的波折，堅韌的人可以創造奇跡；
❹人「活」著就會擁有著活力，充滿著活氣，才能散發生命的喜悅與希望，才有戰勝一切痛苦的勇氣。

智慧7

想讓自己成長，你的痛苦指數需要到達多少？

德國哲學家尼采說：「極度的痛苦才是精神的最後解放者，只有此種痛苦，才強迫我們大徹大悟。」德國文學家歌德說：「讓珊瑚遠離驚濤駭浪的侵蝕嗎？那無疑是將它們的美麗葬送。痛苦留給的一切，請細加回味！痛苦一經過去就變為甘美。」有人說過：「能吃苦的人受半輩子苦，不能吃苦的人受一輩子苦。」

所以，熬過了痛苦就能等來幸福，走過了冬天就能迎來春天。而在人生的旅途中，如果一個人總是處在一帆風順中，那麼就極易安於現狀，消磨鬥志，因而也就失去了創造力；但是，當一個人遭受痛苦之際，為了擺脫厄運就要發奮圖強，此時他則會調動起全身心的潛在能力去創造和反抗，從而有所成就。

痛苦可以教會我們堅強、忍耐、勇敢、承受、等待……讓生命變得更加堅忍，更加頑強，更能承擔命運，更能發揮力量！

當你面對痛苦時，領悟不同，對困難、對生命、對人生的理解，也就有了不同層次的詮釋。

第一層應是一種最膚淺的領悟，痛苦就等於不幸。痛苦確實能給人帶來折磨，因而有的人在痛苦來臨時，只能感到難過、憂鬱、彷徨、鬱悶，他們覺得自己是世上最不幸的，人生一片灰暗，因而怨天尤人，牢騷滿腹，歎息命運不公、世事艱難，即沒有勇氣在自己身上找出缺點教訓，又沒有勇氣正視痛苦。結果只能在痛苦中沉淪！

在這樣的理解中，痛苦僅僅是痛苦，當然，也還是絕望的代表，是地獄的引路人。

第二層是一種豁達的領悟，痛苦等於磨練。

這種理解思想最有代表的就是孟子的「天將降大任於斯人也，必先苦其心志，勞其筋骨，餓其體膚，空乏其身，行拂亂其所為，所以動心忍性，增益其所不能」。

有些人把痛苦當成激勵自己前進的原動力，他們在痛苦中鼓起生活的勇氣，學會戰勝困難的方法，在痛苦中磨煉自己百折不撓的意志，「吃得苦中苦，方為人上人」，使自己變得越來越堅強，進而激起自己百折不撓的勇氣去戰勝困難，在奮勇登攀中去謀求新生，達到勝利的彼岸。

在這樣的理解中，痛苦依然是痛苦，但確是磨練的課程，是希望的代表。第三層當是最深刻、最徹底的領悟，痛苦等於財富，讓你的靈魂感受生命的真諦。

痛苦就是我們生命的一部分，是我們成長的動力，既然我們都懂得人生應該善待生命，享受生命的樂趣，那我們就同樣要懂得人生要尊重困難，感謝痛苦，並享受痛苦帶來的成長和磨礪！

來看一則故事：

一八〇〇年，貝多芬經過刻苦的學習終於在四月舉行的作品音樂會上確立了其作曲家的地位，可此時，他的聽力卻逐漸衰退。

一八〇二年，因耳聾的恐懼和失戀，他竟有自殺的衝動，後來克服危機，重振精神，繼續作曲。此後十餘年，貝多芬經歷了思想和生活的激烈動盪，至一八一九年完全失聰。晚年生活仍多不幸，疾病纏身，經濟困難。

然而面對痛苦的重重打擊，他卻說：「痛苦能夠毀滅人，受苦的人也能把痛苦毀滅。創造就需痛苦，痛苦是上帝的禮物。卓越的人一大優點是：『在不利與艱難的遭遇裡百折不撓。』」

正是這種不屈服於痛苦，並懷著感激之心的心態，使他在失聰後仍寫下了第三至第八交響曲，第四第五鋼琴協奏曲、《莊嚴彌撒曲》、第九交響曲等傳世傑作。

貝多芬一生與痛苦命運搏鬥，永不低頭，對人生的感觸極深，領悟了人生的意義，因此在作品中融入不少前人不曾想像的深刻感情，處處充滿了自信。

痛讓我們的靈魂更為昇華，要勇敢地去面對疼痛。

在修煉後，你不能忘記的心法

❶人生旅途，是痛苦與幸福相依的過程，是挫折與成功交織的經歷，是忍讓與自律的心境，是淡泊與激奮的交織；

❷不要慨歎人生太辛苦，在人生的道路上，沒有荊棘密佈的叢林，又怎會有坦蕩的陽光大道？沒有暴風雨的洗禮，又何顯雨後彩虹的絢麗？

❸要感激痛苦，因為痛苦是人生中的寶貴財富，只有在痛苦中我們才真正走向成熟；

❹痛苦是人生最好的大學，從這所大學走出來的人，會更加懂得生活，珍惜生活。所以面對不愉快不要埋怨，不要悲觀。要知道如何感激，感激那些給予你傷痛的人，感激他們讓你更快地成長。

智慧8

當你痛苦難熬的時刻，這些方法可以讓你脫胎換骨？

來看一則雖然簡短卻發人省思的故事：

有一個工匠拿著尖銳的刀子，來到竹林裡，在一根竹子身上使勁地削刻、穿洞。竹子痛得哇哇大哭，央求說：「求求你住手吧，我實在承受不了了！」

工匠說：「真的很痛苦嗎？真的承受不了了嗎？」

竹子說：「是啊，太痛了，簡直是在煉獄，求求你到此結束吧！」

看著苦苦央求的竹子，工匠長長地歎了一口氣，說：「你這根竹子，真不識好歹啊！竹林裡那麼多竹子，為什麼我單單挑中了你？要知道，只有你才能經過削刻、穿洞成為一支價值連城的簫，如果你忍不住這些疼痛的話，你註定是一根普通的竹子。」

「可是，工匠先生，真的很痛啊！我怕我承受不了就已經死掉了。」

工匠說：「不經過一番痛徹骨怎能有新的蛻變？難道你想一生做一根很普通的竹子嗎？」

竹子沉默了，不知說什麼了。

工匠接著說：「既然這樣，誰都想蛻變，你願意忍住蛻變前的疼痛嗎？就像是毛毛蟲，不經過脫繭的蛻變不會成為飛蛾一樣。你可以想像你成為簫後那種美妙的情景。」

竹子聽了工匠的話，眼前彷彿浮現了自己被奏出悅耳的聲音，有很多人在它面前輕歌曼舞，竹子高興極了，但一想起被削刻、穿洞的疼痛還是猶豫不決。

工匠說：「別猶豫了，你再猶豫我就去挑選其他的竹子了。」看到工匠轉身要離開，竹子馬上喊住他：「別，工匠先生，我願意忍住疼痛，為成為簫忍住巨大的疼痛。」

工匠終於笑了，而這根竹子也成了一支有用途的簫，擺脫了在竹林裡默默無聞、無人欣賞的日子。

的確，工匠說的話很對，只有經過痛徹骨，才有新的改變。而當我們遇到特別承受不了的事情時，如果是脫胎前的蛻變，也要忍受下去，要知道不經一番寒徹骨，哪得梅花撲鼻香？**你現在受苦是為了將來享福，現在受的苦越多將來就會越幸福。**

在修煉後，你不能忘記的心法

❶因為痛，所以叫生命。多痛苦一下，才會更堅強，更有責任和承擔，不然，無痛無癢，就一生過得沒滋沒味；

❷人活著就要面對一些痛苦，恰恰是這些鳳凰涅槃的痛苦，才能昇華一個又一個人生；

❸要感謝痛，是痛讓我們更有領悟；

❹不痛便不是生命，有痛才能知道還是一個活生生的人物，要接受痛，容忍痛，並讓這些痛成為一筆不可或缺的財富。

智慧9

要怎樣才能找到一夜成功的方法？

俗話說的好：「青春沒有過不去的坎。」青春本來就是一種信念，可以激發你的勇氣，加強意志，完成工作，或是作為情緒低落時的一種自我安慰。如果能夠這麼想，相信你的心裡不僅會好過一點，而且會恢復信心，因為我們還年輕，因為我們該經得起創傷。而大部分的人都喜歡聽成功人士在談他們年輕時候的成功的經驗，問他們經受的困難。有的人在聽過別人的成功之後，都會唏噓不已。因為每個成功的人，在他們年輕的時候，在他們風華正茂的時候，都經歷了不同的磨難與不幸。

他們的經驗告訴我們，在困難面前，我們要有必勝的信心，不要因為缺乏成功的信心而不敢面對困難。大凡成功者，他們現在的成功都是奠基於過去的生活的磨煉，而且目前的成功是他們感到驕傲的，所以對自己經歷的困難更津津樂道，以此讓別人瞭解他的努力。向充滿信心的成功者請教失敗的經驗，同時也要知道他們以何種方法來克服失敗。在和他們交談之後，你會發覺「他們現在成功了，是因為他們面對生活的磨難，從不退縮」。

我們便要相信，風浪後面將是平靜的海洋，坎坷後面將是平坦的大道。有時成功與失敗的區別僅僅是：成功者走了一百步而失敗者走了九十九步，成功只比失敗多走了一步而已。

另外，我們必須對人生道路上的曲折和困難有充分的認識和思想準備。由於人們的世界觀不同、認識水準的不同以及所處的客觀環境的不同，形成了各自獨特的人生之路。但是不管人們的生活道路有何不同，有一點卻是共同的：絕對筆直而又平坦的人生路是不存在的。因為，事物的發展是螺旋式或波浪式的發展過程，所以，人生道路的延伸也是直線和曲線的辯證統一。你在遇到困難和身處逆境時，不要茫然不知所措、灰心喪氣，也不應因一時的挫折而輕言放棄。

來看一則故事：

被譽為「香港新一代富豪中的佼佼者」的許展堂只不過是一個八十後年輕企業家，然而他卻是一九九零年代，香港商界一位舉足輕重的生意人。一九九三年的春天，第八屆全國政協會議召開，他被任命為全國政協常委的高層職務，這樣成功的光環又增添了他這個年輕人的一些傳奇色彩。

其實，許展堂並不傳奇。他出身于一個富裕的家庭，從小衣食無憂，也許良好的家庭環境對他今後的成功起到幫助作用。然而，事實並非如此，在他十二歲那年，家道中落，父親的生意失敗，把家裡的錢賠了精光，沒過多久，父親又染上了肺結核，很快去世了。

如此突如其來的家庭變故，讓小展堂的生活一下從天堂跌落到了地獄，從蜜罐掉進了苦海。當時他剛讀完小學，只好被迫放棄讀書，提前進入社會謀生。

迫于生存的無奈，年少的許展堂不得面對殘酷的現實，面對人生，步入社會。他曾從事過多種低微的職業，他賣過麵，也曾在街頭鬧市發傳單，為商店翻新舊招牌等。這段青春時光，成為他一生中最為艱難的時間，也是他一生中最難忘的時光。

然而，生活的磨難沒有消磨他的意志，反而激發了他的鬥志。他不甘心從此就這樣清貧下去，沒有了父親，只能靠自己去努力。於是，他白天辛苦地工作，晚上則去上夜校進修，學英語，閱讀大量的歷史書籍和名人傳記，從中汲取偉人們的思想精華。

他堅信自己會成功，因為他有的是青春，有的是力氣和拼搏的勇氣，一切不幸都將會成為眼中的過眼雲煙。他憑藉著自己的努力奮鬥，渡過了一個又一個難關，抓住有利時機，拼搏奮鬥，終於成為了八十後的佼佼者。

他成立了自己的公司，並且光復了家族企業，而且越做越大，乃至整個香港商界都知道有這麼一位了不起的後起之秀。

可見，青春的磨難並不可怕，它反而是我們以後不可多得的一筆財富。**要正視青春時期的磨難，會因為這份磨難為我們的未來添磚加瓦。**

在修煉後，你不能忘記的心法

❶青春是生命中最美好的一段時間，也是讀懂生命最重要的時刻；

❷絕處逢生後，我們就會知道困難沒有什麼大不了的；

❸如果你不是被嚇倒，而是奮力一搏，也許這些挑戰就會成為你成功的階梯，也許你會因此而創造超越自我的奇跡；

❹人是環境的動物，但無論環境如何，始終認為自己一定能成功的人最後一定會成功，這與要想破繭成蝶，就要經歷許許多多的磨難是一個道理。

智慧10

為什麼不如意的事總是發生在你身上？

任何人的一生都不可能是一帆風順的，只有經得起不如意的人生才是有價值有意義的人生。在經受不如意的過程中，如果你還沒擺脫不如意的糾纏，請別說你正在享受不如意，這在別人看來，無異在請求廉價的憐憫甚至乞討，也別說正在不如意中鍛煉堅韌的品質，別人只會覺得你是在玩精神勝利、自我麻醉！

便要得知，每一份不如意，都可以是一種收穫，可如果你無法戰勝它，那麼你永遠沒有權利說你在不如意中收穫了什麼，這在別人眼裡，只不過是你在為自己面對不如意時的逃避找的一個藉口！善待不如意，正視不如意，只有你擁有了承受不如意的意志，你才有可能真正地戰勝不如意，享受不如意給你帶來的收穫。而珍惜不如意帶給你的收穫，就不要在遭遇不如意的時候吹噓自己的勇敢，不要以為不如意的收穫觸手可及，只有當你真正戰勝不如意獲得成功的時候，你才是把收穫攥在手裡。

於是，生活中便有太多可以嘗試的事，只是我們不一定能全部經歷。生命中也有太多要學習的事，只是我們不一定能全部學習。因為，生活的最大樂趣，就是能經歷失敗的痛苦與成功的喜悅，這些才是生命的真正意義，也是我們活著的重要目的。而實際上，不管天空中是狂風驟雨，還是豔陽高照，都是最美麗的生活景致，也都值得我們好好地品味。可是，如果你總是擔心被大雨淋濕，害怕豔陽會曬黑了皮膚，那麼你就很難享受到生活的真正樂趣了。

可見，面對生活中的不如意，我們應該感激它，感激它賜予了我們機會，讓我們能夠更深刻地領悟人生，發現自己的價值，認清自己的缺點，指正自己的方向。要知道，在這個世界上，每一個人都在經歷著只屬於自己的不如意，每一個人都恪守著自身獨特的不如意歷程，用自己的方式活著，守護著屬於自己的命運。

來看一則故事：

湯姆夫婦倆一直渴望有個孩子，但是就是這樣一個普通的願望卻整整折磨了他們十年，最終他們終於如願以償地得到一個兒子。

面對著這個新降臨在他們身邊的小天使，湯姆夫婦想盡辦法教導他，連走路的方式也清清楚楚地告知：「我的好孩子，走路時記得要看著地上啊！如果你走在木板上要專心看著腳底下，因為木板最容易讓人滑倒。」

這是小天使在開始學習走路時爸爸的叮嚀。乖巧的孩子也相當遵從父親的教導，只要走在木質地板上，他一定緊盯著腳下的步伐。

有一天，湯姆一家人來到山間遊玩，爸爸又開始教導：「在山路行走時，你還是要看著地上，每一步都要相當小心，不然你會從山頂摔到山谷中；而下山坡時，你一樣要看著腳下，否則一個閃神，你就會扭傷腳踝的，知道嗎？」

「是的，爸爸！」小傢夥點了點頭說。

就這樣，小傢夥在湯姆夫婦溫情而善意的囉嗦聲中又過去了十八年，湯姆夫婦相繼離開了他們的小寶貝兒。當年的繈褓嬰兒，現在也已經長成了一個帥小夥子，但這可憐的孩子從小就習慣聽爸爸媽媽的引導與叮嚀，如今他只能在過去的叮嚀中，繼續生活；對於父母的話，他仍然相當遵從。

現在他仍認真執行父母的叮囑，在木板上、在田野間、上山與下山時，他都用心地盯著腳下。即使來到沙灘，聽見美麗的浪潮聲，他也不會抬頭看看，聲音是從哪裡來的。

不管走到哪裡，他也總是低著頭往前走。

確實，湯姆夫婦的寶貝兒子從來沒有跌倒過，也沒有滑倒或碰傷過，一生幾乎是毫髮無傷的他，就這麼「低著頭」，走完他的一生。

在他臨死前，他仍然不知道，原來天空是藍色的，天上不僅有美麗的雲彩，還有耀眼迷人的星星。此外，他也不知道自己所走過的每一個地方，風光是多麼美麗。

當不如意來臨時，我們不要立即轉身逃避。正是這些不如意，才成就了剛強的我們，這些不如意也便是我們的收獲。

在修煉後，你不能忘記的心法

❶任何人的一生都不可能是一帆風順的，只有經得起不如意考驗的人生才是有價值有意義的人生；

❷每一份不如意，都可以是一種收穫，可如果你無法戰勝它，那麼你就永遠沒有權利說你在不如意中收穫了什麼，這在別人眼裡，只不過是你在為自己面對不如意時的逃避找的一個藉口；

❸我們應該感謝不如意的光臨，珍惜不如意，才能帶給我們真正的收穫；

❹在追求夢想的道路上，任何一次不如意都是唯一的，它不會給你致命的打擊，只會給你無窮的動力，只要你善於在不如意中找尋收穫，在不如意中找到屬於你的方向，你就會戰勝不如意而不是讓不如意戰勝了你。

智慧11

難道長大的過程一定要伴隨著痛苦？

請看這個淒美的愛情故事：

不知是多少年前的事情了，他和她相約在櫻花樹下，他欣賞她的嫵媚動人，她羨慕他的才華橫溢，就這樣，兩個人想要生生世世在一起。

然而，天有變數，人世間的姻緣難以就此註定，後來，他因為工作上的原因離開了她。臨走前，他告訴她，讓她等他三年，三年後回來娶她。

他走後，她對他朝思暮想，真的想要很快地結束三年的漫長的時光。就這樣，她每一天都度日如年，每一天都盼著和他相聚的日子。她一直相信，他們曾經的諾言，他會回來娶她。

一開始，他和她保持著聯繫，但漸漸地，聯繫越來越少，她認為他可能忙，顧不上自己了。

然而，很快兩年過去了，他卻消失了。她不明白是什麼原因，但還是心存著希望，相信三年一過他就會回來娶她。

日子如流星趕月，期間也有好多人上門求婚，但她都拒絕了，眼巴巴地期盼著三年後的最後一天。

盼著盼著，不知不覺三年就過去了，她以為他會兌現當初的諾言，高興地不得了，趕緊打扮一番，天天地站在樓上，等待著他的歸來。

可是，他並沒有來。她不明白怎麼了，她不相信他會背叛她。

實在承受不了三年後他沒有如期赴約，她就收拾行囊，準備去曾經他到的地方找他。就這樣，她依然而然地踏上了遠去異國的飛機。

好不容易終於找到了他，而他卻已經結婚了。

她淚流滿面，問他：「為什麼不等我？為什麼三年後沒有赴約？」

他沒有想到她會千里迢迢來找他，說：「我以為你已經忘了我，況且咱們曾經只是一種約定。我以為你會和別的人結婚。」

她說：「我是那麼信守承諾，你倒好，移情別戀。」

他的新婚妻子知道了這件事，對她說：「其實也不能怪他，他是很想你的，只是後來發生了一些事情，他才和我結了婚。」

她不明白，問她發生了什麼事情，她說：「他在海外謀生，承受了太多的痛苦和壓力，在他撐不下去的時候，他遇見了她，而她幫助了他度過了難關，為了生意場上的事，他不得不娶她為妻，所以……」

她明白了，說：「這些年，我一直相信他會回到我的身邊，一直相信他曾經的甜言蜜語，我是日日等，夜夜等，只是希望能兌現三年後的諾言。三年過去了，他竟杳無音訊了，他有沒有知道我當時的感覺？既然他忘記了我，我也不去過多地追究，反正你們是患難夫妻，我算什麼，不過是一個癡情的傻女人罷了。」

看到她痛哭流涕，他的妻子說：「原諒他吧，反正他現在已經結婚了。」

她擦拭了眼淚，說：「沒想到我遇見了想見的那個人，現在卻是離別的時刻，看來我真是一廂情願。」說著，又嗚嗚地哭了起來。

過了幾天，她灑下了幾行淚，默默地祝福著他和他的妻子快樂，獨自地離開了。

她走後，他反而覺得不安穩，問妻子：「她原諒我了嗎？」

妻子說：「看來她已經想清楚了，把她忘了吧！」

他試圖把她忘掉，然而卻忘不了她。

夜靜闌珊，他躺在床上翻來覆去睡不著，他原以為她不會等他三年，沒想到她竟然做到了，他覺得對不住她。

就這樣，他一直心存著對她的愧疚。

日子一日日地過去，轉眼他到了暮年，而他的妻子也已經辭世了，他覺得有必要去看望她了，於是，他踏上了輪船，去那個他初戀的地方。一路上，他浮想聯翩，她現在還好嗎？結婚了嗎？是否是兒女滿堂呢？他想了很多。

終於到了他遇到她的那個地方，只是物是人非，他不禁潸然淚下。她的父母早早就去世了，而她卻不知去向，聽住在附近的居民說，四十年前，她曾經搬到了海外，就再也沒有回來。

海外？他摸不著頭腦，她在海外沒有親戚朋友，能搬到哪裡去了？他思來想去都不知所以然。

他又在這個地方住了幾個月，等待著能見到她，然而，他找了很長一段時間，都沒有她的蹤影。他以為她已經死掉了，就懷著支離破碎的心又回到了海外。

一天，他去郊外溜達，恍惚之間看到一個熟悉的身影，他很驚奇，一時間想不起是誰。於是，他對那個熟悉的背影產生了興趣。當他走進了那個背影所進的屋子裡時，他驚呆了，怎麼有很多自己四十年前的回憶？這時候，他聽到一個蒼老但熟悉的聲音問：「你是誰啊，是來找誰的呢？」

當他看到她出現在他的面前，竟然哽咽不知道說什麼好了。

過了很長一段時間，他問她：「你不是回國了嗎？」

她說：「回國幹嘛呢？我相愛的人不在那兒。」

「那你，在這裡……」

她微笑著說：「起碼能每天看到我一直想見的那個人，雖然遙不可及，但能知道他幸福也就心滿意足了。」

「你可知道，這些年我也一直忘不了你。」

「當然知道，我又何嘗不是。你的妻子已經去世了，你還好嗎？」

他哽咽著說：「怎麼會好呢？現在我孤獨難眠，四十年來一直在想著一個人，可她不在我的身邊。當初我和妻子結婚，不過是生意場上的事不得已而已。我以為你會忘掉我，沒想到……」

她打斷他的話，說：「怎麼能忘記呢？這四十年來，我天天等，雖然不敢奢望能和你在一起，但我忘不了四十年前的那段感情。」

他終於吞吞吐吐地說出了幾個字：「咱們結婚吧？」

她苦笑，說：「算了吧！」

他說：「為什麼？難道你要看著我孤單一個人老去嗎？我的妻子在臨死之前告訴我，說我虧你很多，一定要讓我找到你，娶你為妻。現在我好不容易找到了你，怎麼能就此甘休呢？」

她推開他，說：「雖然我至今對你還有感覺，但是咱們之間已經不可能了。」

「為什麼，是因為當初我沒有實現諾言嗎？」

「不是！」

「那是為什麼？」

「反正不可能就是不可能，沒有為什麼。」

他沒有灰心，以後常常來到郊外，乾脆在郊外也蓋了一間屋子住下來。

終於，她感動了，哭著說：「何必要這樣子呢？你在別墅裡住的好好的，幹嗎要搬到荒郊來？」

他說：「別墅裡沒有愛，我的愛在哪裡我就要去哪裡。」

「可是，你認為咱們之間還有可能嗎？」

「雖然我曾經虧待了你，我也知道是我的錯，現在我在此懺悔。」

看到他誠意的樣子，她不忍心再折磨他，因為她愛他。

就這樣，她還是被他的誠心打動了，六十多歲終於第一次做了新娘。

在洞房裡，他流著淚說：「我要為我今生犯下的錯償債，無論你什麼樣子，無論你是貧是富，我只愛你一個人。」

她笑著說：「如果你在生意場上再次失敗，有一個富家女幫助你了你，今天的話是不是都付諸於東流水，然後和她私自結婚了呢？」

他說：「不會了，這些年我才知道我愛的人是你。沒想到一等讓你等了四十多年，我真不知該怎麼報答你。」

她說：「咱們現在六十多歲還有幾十年光陰要過，在接下來的日子裡，我只要能看到你就心滿意足了。因為我曾經一直想見到你卻不能。」

他感動得淚流滿面，把她緊緊地抱在懷裡。

就這樣，生死相依，他們年輕時雖然沒有在一起，到老時卻相親相愛，讓人人見了都感動、羡慕。

有時錯過這一瞬間，你就錯過了一輩子

不幸之後，你還會這樣領悟

❶生命本身不僅僅是一個結果，更是一種過程；
❷有的人有的事錯過了就不再，要抓住那個值得珍惜的人；
❸耐得一份寂寞，守得一份乾坤；
❹要果斷地做出決定，是等待還是遺忘。

智慧12

我想獲得幸福人生，那SOP流程該怎麼做？

有人說：「幸福，大家都是有相同的幸福；不幸，卻是各自有著各自的不幸。」所以，每個人都希望選擇一種幸福的人生，避免不幸的發生。可以說，人生其實就是一種選擇，生活的方式有很多種，工作的職位也有很多種，放在你面前的路也有很多條，每個人無論是對生活、愛情與婚姻、友誼，還是對職業、工作、事業等，都有著自己的想法。當他們為了實現心中所想而採取行動的時候，無論是成功了還是失敗了，都有一種選擇。

在這個很精彩也很複雜的世界裡，無論是幸福的人還是不幸的人，無論是成功者還是失敗者，無論是大人物還是小人物，他們之間最重要的區別就是對人生之路選擇的差別。

因而，一個人幸福與否，他在於他選擇了什麼樣的人生，就像林肯所說：「所謂聰明的人，就在於他知道什麼是選擇！」

莎士比亞也說：「我們知道我們現在是什麼樣的人，但不知道我們可能成為什麼樣的人。」所以，做一個適合自己的選擇並不容易，選擇的錯誤會給自己帶來刻骨銘心的傷痛，選擇的正確會讓自己少走彎路，或是如魚得水或是平步青雲，我們不應該懼怕生命中一些錯誤的選擇。」

而實際上，在時光涓涓流逝的日子裡，我們應當汲取進入我們生活的好的或壞的、幸福的或痛苦的、成功的或失敗的所有因素，這包括了人生經歷的各個方面，不管是事業、婚姻、健康還是財富，因為這都源於我們自己的選擇！正因為有了新的選擇，才可以真正地釋懷，才可以更加坦然地面對人生。正如現在的在新的環境中生活得比以往都要好一樣。既然是再次的選擇就必須是進步的選擇，而在每一次的選擇中我們都要進步。

就像是選擇了高山，你也就選擇了坎坷；選擇了寧靜，你也就選擇了孤單；選擇了機遇，你也就選擇了風險；選擇了求索，你也就選擇了磨難。

在人生中面臨選擇的一剎那間，我們要堅決果斷地去選擇，奮力打拼、孜孜以求，才能看到豐富而輝煌的未來。人生的過程就像一根鏈子，哪一個環節走錯了，整個人生的軌跡就會不一樣。選擇就是我們人生的每一個環節，我們的工作環境、生活品質、情感愛人都需要選擇。有人選擇了幸福，有人選擇了痛苦；有人選擇了成功，有人選擇了失敗。每一個選擇的過程都會充滿了矛盾、取捨甚至遺憾。我們便要把握住人生的每一次選擇，會讓我們少走很多彎路，在每一次的選擇中，我們會變得更加成熟。

來看一則故事：

王哲一直夢想著積累大量的財富和資產。到三十歲時，王哲已經掙到了八十萬元。他雄心勃勃，想成為百萬富翁。但問題來了：他每天都很辛苦，常感到胸痛，而且因為忙碌，他也疏遠了妻子和兩個孩子。他的財富在不斷增加，他的婚姻和家庭卻岌岌可危。

有一天在辦公室裡，王哲心臟病突發，而他的妻子在這之前剛剛宣佈打算離開他，因為他一天到晚忙著掙錢，一年到頭很少回家。

王哲突然意識到自己對財富的追求，已經耗費掉了所有真正值得珍惜的東西。於是，他經過一番思考和猶豫，決定換一種活法。

他便拿起了電話打給妻子，要求見一面，並且賣掉了所有的東西，包括公司、房子，然後把大部分錢捐給了希望工程。當他說出自己的決定時，妻子感動得熱淚盈眶。接下來，王哲和妻子退引鄉間，過起了「男耕女織」的生活。他們在那裡彷彿重溫了青春時的美好時光。

王哲曾經陷入了財富的陷阱，差點兒讓財富奪走他的健康，失去了心愛的妻子和美好的家庭。而現在，他是財富的主人，他和妻子自願放棄了財產，過著與世無爭的生活，但是他卻認為自己是世界上最富有的人。

人生是一種選擇，有什麼樣子的選擇便有什麼樣的人生。我們也在選擇中度過我們的今生，就要明確選擇了，不至於到後來總去追悔。

在修煉後，你不能忘記的心法

❶想不付出任何代價而得到幸福，那是癡人說夢；
❷千萬次選擇，才能千萬次成長、長大；
❸選擇對自己有益的並不難，關鍵是選擇適合我們自己的卻難，我們有必要不能為利益所趨勢，有必要找到適合自己的那條路；
❹無論選擇是帶來收貨還是帶來虧損，都是我們成長的一個過程，這些過程越多，我們才會更加成熟。

4 CHAPTER

輕鬆度日的 9道 鑰匙

青春，一個美好的字眼，卻帶著很多考驗，很多折磨與掙扎。然而，正是這些刻骨銘心的日子，讓我們的青春更值得回味。

鑰匙1

忌妒會帶給你那些意想不到的後果？

戰國思想家荀子說：「士有妒友，則賢交不親；君有妒臣，則賢人不至。」也進一步引申：嫉妒心很強的人，往往心裡非常地矛盾和痛苦，他們往往見不得別人比自己好，又感慨自己為什麼處處不如別人，他們往往自認為自己有能力有才華，卻不明白為什麼不能夠出眾，每次受傷的總是自己。

同樣，在《聖經》中，「嫉妒」被稱作為一種「凶眼」；而在占星術上，「嫉妒」被喻為一顆「災星」。這也就是說，嫉妒能把兇險和災難投射到它的眼光所注目的地方，所以有嫉妒心的人總是會有內心上的掙扎，甚至是在受煎熬，到了一定的程度，不僅如上，嫉妒之毒眼傷人最狠之時，正是那被嫉妒之人最為春風得意之時，然後便是自己受傷害。這一方面是由於這種情況促使嫉妒之心不得容忍別人的好，另一方面是由於在這種情況下，嫉妒的人在不幸中難以自拔。

那麼，當你看到身邊的人晉升了職位，獲得了獎項，賺了更多的錢，買了大房子，開上了漂亮的轎車，你是否會在心底產生一種說不清是嫉妒還是羨慕的情緒呢？你是否會很違心地向這些人說上一番恭喜祝賀的話而心底卻酸溜溜的呢？

儘管人類有攀比之心，會自然地在不如人時產生一種天生的抵觸，那種別人擁有而自己沒有得到的極度羨慕就是嫉妒之心。然而，嫉妒往往是成功之路上的絆腳石，嫉妒的怒火會把一個人推向不幸的深淵，永遠走不出困境。一旦嫉妒的種子在心裡發芽，它就會越長越大，最後牢牢地盤踞在內心深處，就很難從中剷除了。因而，最重要的是在一開始就不把嫉妒的種子播在心裡，這樣才能真心地讚美別人，又不至於過分地看低自己。

來看一則故事：

當年龐涓學成後投奔魏王時，孫臏還為他餞行。龐涓當時非常感動，表示回去以後，如果有合適的機遇，一定幫助孫臏謀得一個理想的職務。

後來，魏王聽說孫臏的才能和人品都非常優秀，於是打算重聘孫臏。而龐涓聽說此事後，頓時嫉妒心起，他想：魏國的軍權現都在我手裡，倘若孫臏一來，肯定會與我分庭抗爭。況且孫臏的才華又在他之上，這給了他很大的壓力。

孫臏來到魏國之後，魏王想讓孫臏統管軍事，而龐涓卻在一旁極力阻攔，他告訴魏王先以客相待，待時機成熟便把軍事大權交給他。

魏王置孫臏以客卿的待遇，而龐涓在一次次與孫臏的接觸中愈發感到孫臏的才華橫溢，嫉妒心強的他便深感他將對自己構成威脅，於是便設計陷阱以卑鄙的手段陷害孫臏，後孫臏以叛國罪入獄，又以魏之刑法處孫臏以刖刑。這刖刑就是將膝蓋骨打碎，導致終生殘疾。嫉妒之心猖獗，已讓龐涓徹底喪失了人性。甚至他已打算將孫臏精通的真傳兵法弄到手後，就將這昔日的同學、好友置於死地。

好在孫臏及時發覺，裝瘋賣傻，才逃過一死。君子報仇十年不晚，幾年後的桂陵大戰，作為齊國隨軍總參謀長的孫臏，以圍魏救趙之計，將龐涓射死在馬陵道上。

可見，**嫉妒之心會葬送了我們的前程**。就沒有必要讓嫉妒這種毒藥在心中蔓延了，才能活在一片祥和的世界，面對人生中的坎坷。

在修煉後，你不能忘記的心法

❶不管生活給你何種的不幸，生活讓你變得多麼地卑微，哪怕你就是一個無名小卒，都不要有過於強烈的嫉妒之心；

❷把嫉妒化為向上的動力，努力向優秀的人看齊，學會放下嫉妒之心，別讓嫉妒害了你，這才是一個人真正成熟之處；

❸災難是一場痛苦的洗禮，讓你更懂得生命的價值；

❹任何人身上都不可能集聚世上所有的優點，而幸運的事也不可能總是降臨在一個人身上，倒不如放下嫉妒，撿起自信，充盈自己的實力，以行動證明未來的輝煌。

鑰匙2

為什麼長輩們總是說「做事就是要不顧一切去努力」，其中暗藏哪些玄機？

你見過迅猛的獵豹在伺機撲食時的景象嗎？這種世界上跑得最快的動物，常以矯健的身姿，借著環境的偽裝，悄悄靠近獵物，一待獵物放鬆警惕，便箭一樣出擊，以迅雷不及掩耳之勢，直取目標。而人人都是生活在這個世界上，為什麼有些人總是成為幸運兒，有些人總是遭遇不幸？

當你覺得那些本來比你條件差的人，在某一天跑在了你的前面，這時你就會不平衡。其實你並不是笨蛋，也不是別人運氣好，而是你在機遇面前，沒有該出手時就出手。那些生活的幸運兒，便不會猶豫不決，優柔寡斷，而是有著獵豹般的機敏、快速的決斷和迅猛的出擊能力。

也要得知，屬於自己人生的機遇不是很多的，如果機遇到來的時候，你沒有該出手時就出手，以後你的成功就更不可能了。意思也就是說，機遇沒有回頭路。當有某個機遇的時候，你抓不好的話，機遇更不會與你有緣了。這就好比一輛汽車拋錨了，陷進了爛泥坑，如果沒有在輪子快要起來的那一瞬間使上勁，就永遠無法把車子從困境中推出來，反而會越陷越深。

同時，便要反思：如果你是一個優柔寡斷的人，一定要想辦法克服這個弱點，你可以試著培養一下自己果斷幹練的作風。特別是當你遇到一件事情猶豫不決的時候，一定要想著如何快速決斷而不會後悔，你不必過多地想著許多枝節末節的擔憂，這樣，才不會消磨時光，在憂慮中不斷徘徊。而事實上，任何一件事情的成功概率都不可能是百分之百，就沒有必要過多地權衡，選擇適合自己的方案就可以了。

來看一則故事：

傳媒大亨默多克在年輕時便繼承父業，從事報刊業。由於父親不善經營，他接手的是一個資不抵債的爛攤子。他說服母親，保住了《新聞報》和《星期日郵報》兩份報紙沒有轉讓。並且他非常明智地認定，報紙是大眾文化的一種文化載體，因此必須按照大眾的閱讀口味為他們提供通俗的文化消費品。

他的這一決斷，招到當時董事會其他成員和編輯的強烈反對，但是默多克是絕不會在這個原則問題上作妥協的。於是，他迅速調整了原來的辦報風格。

結果，在短短的二三年內，這兩份報紙便轉虧為盈，由此，默多克也打敗了他的競爭對手。這既顯示出默多克的辦報天賦，又激起了這位年輕人進一步拓展市場的雄心。

對於現在職場的執行長們，就需要有如此迅猛的決斷，然後刻不容緩地執行。想想，如果當時默多克猶豫了，瞻前顧後，面對反對聲音舉棋不定，那麼，結局將不言而喻，他一定會喪失掉扭虧為盈的機會，也就不會成就今天的傳媒大王。

當成功鼓起了默多克進一步進取的決心後，他就像一個偷偷跟在獵物身後的豹子，時刻準備著再次出擊。

這時，悉尼報業市場兩大新聞壟斷組織的對立，為默多克的擠入提供了可乘之機。由於《鏡報》經營不善，入不敷出，只能把它轉手，以挽回巨大的經濟損失，但《鏡報》的經營者又不想它落入競爭對手中，而增強其競爭力。正雄心勃勃，尋找時機，準備打入悉尼報業市場的默多克，得到這一消息就乘機而入，以四百萬美元令人無法拒絕的高價，買下了準備出手的《鏡報》。

收購《鏡報》之後，默多克果斷地決定，對這家小報進行脫胎換骨地改造。他仿照世界上發行量最大的報紙，倫敦的《每日鏡報》的格式，很快帶來了豐厚的回報，在悉尼的報業市場形成了三足鼎立的局面。

可見，默多克的成功，一方面歸功於他的果敢，該出手時就出手，另一方面是他像一個準備偷襲獵物的豹子一樣，早就伺機以待了。

我們也要決斷，這樣才會招來幸運，才不至於為錯失良機而後悔。

在修煉後，你不能忘記的心法

❶要有雷厲風行的工作態度和作風，才能不至於總是拖延；
❷人生的機會不多，不決斷，便會錯失更多的機會；
❸有些事情是我們無法控制的，我們只能控制自己；
❹要臨危不懼，當斷則斷，才能有成大事的氣魄。

鑰匙3

為什麼我總是對自己沒信心，到底是缺乏什麼？

有個寓言這樣說：「有一個畫家要畫一幅畫，於是在一張乾淨的白紙上，沾一滴墨滴。當給人們看的時候，很多人只把注意力放在了這個黑點上，卻忽略了紙上大部分空白的地方，因為那才是畫的主體。」

生活也是如此。很多人遭遇到不幸，就是因為他把自己的雙眼盯在了人生的「黑點」上，從而忽略了人生大部分的「空白」之處。這種思維定勢，讓許多人不斷地在不幸的邊緣徘徊，無法走出失敗的陰影。而萬事萬物都是不斷變化發展的，我們應該隨時用不同的眼光來看問題。因而，我們的思維也應該不斷地調整不斷地改變。而很多舊的思維習慣，在當時看起來也許是正確、可靠的，但是隨著時間的變化，它們也會不斷地隨之改變。而且，這些舊有的思維習慣已經跟不上時代發展的步伐，如果還用這些舊的思維來考慮問題，勢必會受到阻礙。

我們要放棄舊有的傳統思維習慣，就要敢於用自己獨創的甚至是顛覆傳統的思維來指導自己的行動。比如，按照通常的思維來說，大家都認為「好馬不吃回頭草」是正確的，但是好馬為什麼不可以吃回頭草呢？曾經錯過的一段姻緣，為什麼不能勇敢地再續前緣呢？總有一些事情經歷了才知道對與錯，總有一些東西失去了才知道珍貴，既然知道了，為什麼不可以回頭？如果有這樣改變思維的話，好馬也能吃回頭草了。

還有，舊有的經驗習慣會對人的思維活動會產生「思維定勢」。這種影響是消極的，它使人的思維依賴於過去經驗的傾向，而產生一種惰性。當這種心理準備與解決的問題不適應時，思維便陷於困境。心理實驗證明，一個人一旦進入思維死角，智力就會在正常水準之下。當我們面臨困境時，建立在以往經驗和知識基礎之上的思維定勢，往往會產生消極的影響，成為我們思維行為的障礙。我們要充分認識到思維世界裡存在的這個死角，逐漸超越舊有的思維模式，才能走出不幸的困境。

來看一則故事：

在一個小村莊裡，老李和老王是從小玩大的夥伴，他們一直都很要好，只是老李頭腦比較靈活，他很快就發家致富了。老李發財之後不忘朋友，他決定幫助老王脫貧致富。於是老李送給老王一頭肥壯的牛，囑咐他好好開荒，等春天來了撒上種子，秋天就可以收穫而從此遠離貧窮了。

剛一開始，老王幹勁十足。他滿懷希望開始開荒，每天忙得暈頭轉向，也不覺得苦，不覺得累。可是沒過幾天，家裡就沒有足夠的草供這頭牛吃了，而且連家人吃飯都成了問題，日子比過去還難。老王就想，不如把牛賣了，買幾隻羊，先殺一隻吃，剩下的還可以生小羊，長大了再拿去賣，就可以賺更多的錢。

於是，老王按照這個計畫開始付諸行動，不過當他吃了一隻羊之後，小羊遲遲沒有生下來，他也就沒有可以換成錢的東西了。日子又艱難了，於是他忍不住又吃了一隻。這時老王又想，不如把羊賣了，買成雞，雞生蛋速度要快一些，雞蛋立刻可以賺錢，日子立刻可以好轉。

這時，老王把計畫又付諸了行動，但是日子依然如此貧困，他又忍不住殺雞，終於殺到只剩一隻雞時，老王的理想徹底崩潰了。老王看著家裡剩下的唯一的一隻雞，想致富是遙遙無期了，與其現在等著餓死，還不如把雞賣了，打一壺酒，買碟小菜，三杯下肚，萬事不愁。

很快寒冬過去，春天來了，老李興致勃勃地來探望老朋友，一進家門卻赫然發現，老王正就著鹹菜喝酒。再看當時他送的那頭牛，早就沒有了，房子裡依然一貧如洗。

可見，掉進了「思維定勢」的陷阱，只會讓我們過苦日子，活得不快樂。我們就不應被經驗和固定的思維習慣所限制，**要走出定勢思維的誤區，讓自己變得更加成熟，考慮問題更加全面、深刻。**

在修煉後，你不能忘記的心法

❶情況總是時時刻刻在變化的，處理問題的方法也不是一成不變的，固守著老經驗、老傳統，把它當成金科玉律，以為百試不爽，那就大錯特錯；

❷打破舊有的思維，開拓新思維，打破舊習慣，開創新習慣，讓你思考問題的方式總是處於最前端，這樣才能跨越思維定勢的誤區，才能更快地走出當前的困境；

❸很多人遭遇到不幸，就是因為他把自己的雙眼盯在了人生的「黑點」上，而忽略了人生大部分的「空白」之處；

❹我們要學會放棄舊有的傳統思維習慣，敢於用自己獨創的甚至是顛覆傳統的思維來指導自己的行動。

鑰匙4

我該付出何等的努力，才能拿到奇蹟的入場卷？

「咬定青山不放鬆，立根原在破岩中。千磨萬擊還堅勁，任爾東西南北風。」清朝揚州八怪之一的鄭板橋曾如此讚美竹的堅韌精神。任憑風吹雨打，竹子始終頑強地生長。它那堅韌不屈的品格怎不令人肅然起敬？竹子迎春出筍、過夏溢翠、經秋傲霜、臨冬不凋。一年四季青翠挺拔，所以被稱為「歲寒三友」之一。同樣，人的精神的可貴之處，就在於他的堅韌，在於他的鍥而不捨，在於他的不屈不撓；當一種精神具備了這樣的質地的時候，擁有它的人就可以創造出人間奇跡。而自古以來，雄才多磨難。磨難對於天才來說是一塊墊腳石，對強者來說是一筆財富，對弱者來說是一個萬丈深淵。既然「寶劍鋒從磨礪出，梅花香自苦寒來」，身處逆境時，視其為「將降大任」於我的考驗，只要咬緊牙關，堅持到底，就一定能幹出一番成就、一番業績來！

還要得知，在人生中不遭遇暗礁險灘，就不會激起人生中美麗的浪花；不懂得堅持的人，就不會奏響生命的樂章。由此可見，人只有在困難和壓力下，才會以堅忍之心思考如何擺脫困境，從而迎難而上，尋找出路。

來看一則故事：

一九五五年八月七日清晨，加利福尼亞金色海岸籠罩在一片茫茫濃霧中。這時，在海岸以西二十一英里的卡塔林納島上，一位三十四歲的金髮女人穿著一身泳衣，走向了太平洋中，她準備開始向加州海岸遊過去。

如果此舉要是成功了，她就是第一個遊過這個海峽的女人，她的名字叫費羅倫絲·查得威莉。在此之前，她是第一個從英法兩國的海岸遊過英吉利海峽的女人。

那天早晨，海水凍得她身體發麻，霧很大，她連護送她的船都幾乎看不到。時間一分一秒地流逝，一個小時接著一個小時過去了。在電視機前，千千萬萬人關注她的這次壯舉。在以往這類渡海游泳中，她面臨最大的困境不是身體上的疲勞，而是冰冷刺骨的水溫。十五個小時後，她感到不僅很累，而且累得快抽筋了，因為前面還是一片白茫茫的海面，看不見陸地的影子，她感覺自己的承受能力直線下降，實在堅持不下去了，她最終選擇了放棄，叫人拉她上船。

當她上來的時候，她不假思索地對記者說：「說實在的，我不是為自己找藉口，如果當時我看見陸地，也許我能堅持下來。」人們拉她上船的地點，當她上船的時候，才發現離加州海岸只有僅僅的半英里！

很多人認為查得威莉就此放棄了，因為她的確失敗了。可是，查得威莉並沒有就此認輸，而是暗暗下定決心，一定要成功地遊過這一個海峽。

兩個月後的一天，查得威莉憑藉自己頑強的毅力，終於成功地遊過卡塔林納海峽，而且還打破了男子的紀錄，比男子的紀錄還快了大約兩個鐘頭。

查得威莉**不畏艱難，就是因為她能夠認清目標永不妥協。**

在修煉後，你不能忘記的心法

❶只有執著追求並從中得到最大快樂的人，才是成功者；
❷人應該堅持到底，半途就放棄的話只會功虧一簣；
❸強者會明確目標，並且不達目的不甘休，弱者則會在中途就打退堂鼓；
❹經過千磨萬擊之後，我們才能夠堅強，困難和挫折也就越來越容易應對。

鑰匙5

如果我錯過了這次機會還能有機會嗎？

作家畢淑敏說：「在這個世界上，有一些事情，當我們年輕的時候，無法懂得，當我們懂得的時候，青春已逝去，不再年輕，世上有些東西可以彌補，有些東西永無法彌補。」

親情就是其中的一種，一種稍縱即逝的眷戀，一種無法重現的幸福。親情是生命與生命交接處的鏈條，一旦斷裂，永無連接，成為生命永遠的一道傷。

於是，我們應該對父母再多一點愛，畢竟他們把最多最深的愛毫不保留地獻給我們。在這個世界上有什麼能比父母的愛更樸實無華？有什麼能比父母的愛更細緻入微？一定要記得對這份愛心存感恩，感激他們無言的愛伴隨我們從容地穿行在人間長街，感激他們無言的愛給予我們活著的勇氣和理由。

不要當失去時，才懂得最初的美好，才知道悔恨當初；不要在歲月都蒼老時，才遺憾今生給父母的愛太少。有些人和事就在身邊，唾手可得，就太容易讓人漫不經心，不以為然。很多不幸的遺憾，就是總以為來日方長，總以為還有時機，然而有些事情就是那麼不經意地在霎那間失去了，再也回不來了，來不及補救，來不及後悔。

親情不是非要在分離時才表露得不捨，也不是非要在聚首時才表露得歡喜，更不是非要在危難時才表露得心痛。親情是在生活的點滴中自然流露的那份血脈之親，那份痛如割捨自我、喜如加之於我的切身感受，這才叫親，才叫情。不要再說你還是那麼忙，人生有忙不完的事，我們還有很多時間可以彌補，可是父母卻沒有太多的時間等待我們去盡我們所謂的「孝道」。如果你很久不曾回家看望父母，如果你很久不曾陪父母閒話家常，那麼從現在開始，放下那些你所謂的忙碌，抽一點時間給你的父母，讓他們感受愛的幸福和甜美。

來看一則故事：

一個年輕人生活在一個單親家庭裡，父親在他很小的時候因為車禍去世了，留下他和母親相依為命。由於年輕人生活在大山裡，家境貧困，於是他決定出來闖蕩，希望能夠幹出一番事業，擺脫貧窮的現狀，也讓自己的母親過上有錢人的生活。

於是，年輕人來到了一座大城市裡。由於沒有學歷，也沒有一技之長，他只能到城市的建築工地上打苦工，每天幹著繁重的體力活。

日子一天天過去了，年輕人一邊幹活一邊學習技術，他下定決心一定要闖出名堂來，否則再也不回大山裡去，也沒臉見自己的母親。

年輕人工作非常努力，轉眼幾年過去了，他已經從當年的一個小搬運工成為了一個工頭；又過了幾年，年輕人成了一家建築公司的技術總監；又過了四五年，他成立了一家小的建築公司，自己當了老闆。由於自己當上了老闆，每天總是事務纏身，打電話回家的次數也越來越少，間隔的時間也越來越長。轉眼之間，十年過去了，他的公司已經發展成為了一家大型的建築公司，在全國都赫赫有名，他的資產達到了幾十億。

這天，年輕人在大城市最繁華的地段買了一棟別墅，還買了一輛最新款的豪華轎車，並且還跟一個漂亮的女孩舉行了婚禮。最後，他決定開車回去，帶著美麗的新娘回家，然後接上自己的母親來到大城市過上幸福的生活，住在豪華的別墅裡。

然而，當年輕人回到大山裡，家裡破舊的房屋已經倒塌了，母親已經不見了蹤影。幾番打聽才知道，鄰居告訴他，他的母親在半年前因為得了一場大病，去世了。而他快一年多沒有打電話回家了，掐指一算，自己已經二十多年沒有回家了。

在一座小山前，一座土墳已經長滿了荒草。年輕人跪在自己母親的墳前嚎啕大哭，他心裡後悔極了，因為母親已經來不及等到自己兒子給他幸福的生活了。

青春易逝，父母經不起太多等待，多去愛你的父母吧，才不至於後悔！

在修煉後，你不能忘記的心法

❶多愛父母，會讓我們變得更可愛；

❶不要等到失去後再後悔；

❸親人是骨和肉的關係，外人是車和車的關係。骨肉分離無法生存，車和車太近準出事；

❹多抽點時間陪父母閒話家常，會讓你在瑣碎中感受點點滴滴和美好。

鑰匙6

要怎麼做才能夠擁有最美好的青春？

每個人的青春都是由一個個過程組成，每個過程都有幸福和快樂，享受過程便是享受青春。因此，我們要學會泰然處之，享受過程中的快樂。好好珍惜生命的時光，不要因為疼痛，而把青春的美麗過程拋棄！

人們便會得知：「青春年華，我們雖痛，可我們快樂著，我們堅信明天會更好。」那些沒有嘗過痛失青春的人，就不會知道什麼是快樂。在飽嘗痛苦後，才會知道創造快樂、珍惜快樂。

然而，公正地講，命運之神還算相對公平，即不會給你太多，也不會在你盡心盡力地努力後分配給你太少，所得與所失剛剛平衡才最恰當，生命的苦和甜在某個範圍內是對等的。因此，在相等的青春中，我們不要逃避生活的苦，而埋葬了樂的源泉。

來看一則故事：

從前有個年輕的小夥子，終於有了女朋友，雙方約定在一個公園裡作為第一次正式約會地點。

小夥子高興極了，性子急，早早地就趕到了，然而他又不願意等待。身旁那些明媚的陽光、迷人的春色和嬌豔的花姿，他都無心欣賞，心裡煩躁不安，彷彿每一秒都是一種痛苦的折磨，於是他在一棵大樹下長嘘短歎。

忽然，他面前出現了一個老翁，說：「我知道，你為什麼悶悶不樂？你只要拿著這時間盒。你要想時光過得快一點，只要將這時間盒向右一轉，你就能跳過時間，要多遠有多遠。」

小夥子聽了非常高興，於是接過時間盒，試著一轉「啊，女朋友立即出現在眼前，還朝他笑送秋波呢！」他心裡想，要是現在就舉行婚禮，那就更棒了。他又轉了下「隆重的婚禮、豐盛的酒席」，他和未婚妻並肩而坐，周圍親朋好友，悠揚醉人。他抬起頭，盯著妻子的眸子，又想現在要是只有我們倆多好！他悄悄轉了一下時間盒，立時夜闌人靜……他心中的願望層出不窮「我們應該有座房子。」他轉動時間盒「夏天和房子一下子飛到他眼前」房子寬敞明亮，迎接主人。我們還缺幾個孩子，他又迫不及待，使勁轉了一下時間盒：日月如梭，頓時已兒女成群。他站在窗前，眺望葡萄園，真遺憾，它尚未果實累累。偷轉時間盒，飛越時間。腦子裡願望不斷，他又總急不可待，將時間盒一轉再轉。

青春就這樣從他身邊急馳而過，還沒來得及品嘗滋味，他已經老態龍鍾，臥病在床了。等他想回味青春，好好享受青春的喜怒哀樂的時候，已經沒有時間，來不及了。

一味逃避青春的人，無法享受到真正的人生。人生百態，苦痛和快樂皆為生命中不可或缺的一部分，它們是相輔相成的。**青春的憂傷並不可怕，可怕的是你放棄了人生的苦**，就等於放棄了人生的甜，就等於放棄了生命最絢爛的時光。

在修煉後，你不能忘記的心法

❶ 好好地珍惜生命的時光，不要因為傷痛，就把明麗的過程割捨；

❷ 品嘗人間辛酸的人們都會相信：「苦樂年華，我們雖痛，可我們快樂著，我們堅信明天會更好。」

❸ 沒有嘗到苦的人就不知甜從何處來，將淪為生活的弱者，會被生活淘汰；

❹ 要珍惜青春，抓住青春，好好地享受青春。

鑰匙7

我已經盡力了卻還是失敗，該怎麼辦？

中國有句俗話叫做「謀事在人，成事在天」，而這種「成事在天」便是一種順其自然。只要自己努力了，問心無愧便知足了，不奢望太多，也不失望。

順其自然便不是隨波逐流，放任自流，而是應該堅持正常的學習和生活，做自己應該做的事情，弄明白自己的人生方向後踏實地順著這條路走下去。有人曾經問游泳教練：「在大江大河中遇到漩渦怎麼辦？」教練回答說：「不要害怕！只要沉住氣，順著漩渦的自轉方向奮力遊出便可轉危為安。」順其自然也是如此，它不是「逆流而動」，也不是「無所作為」，而是按正確的方向去奮鬥。不順其自然就是自己和自己過不去，自己給自己出難題。

順其自然不是宿命論，而是在遵守自然規律的前提下積極探索；順其自然不是不作為，而是有所為，有所不為。人生就如同一艘在大海中航行的帆船，偶遇風暴是無法改變的事實，只有順其自然，學會適應，才能戰勝困難。而現實生活中我們應該學會順其自然，這樣才會獲得人生的快樂。

來看一則故事：

一隻小毛蟲趴在一片葉子上，用新奇的目光觀察著周圍的一切：「各種昆蟲歡歌曼舞，飛的飛，跑的跑，又是唱，又是跳……到處生機勃勃。」只有它，可憐的小毛蟲，被拋棄在旁，既不會跑，也不會飛。

小毛蟲費了九牛二虎之力，才能挪動一點點。當它笨拙地從一片葉子爬到另一片葉子上時，自己覺得，就像是周遊了整個世界。

儘管如此，它並不悲觀失望，也不羡慕任何人，它懂得：「每個人都有各自該做的事情。它，一隻小小的毛蟲，應該學會吐纖細的銀絲，為自己編織一間牢固的繭房。」

小毛蟲一刻也沒有遲疑，盡心竭力地做著工作，臨近期限的時候，把自己從頭到腳裹進了溫暖的繭裡。

「以後會怎麼樣？」與世隔絕的小毛蟲問。

「一切都將按自己的規律發展。」小毛蟲聽到一個聲音在回答，「要耐心些，以後你會明白的。」

時辰到了，它清醒過來，但它已不再是以前那只笨手笨腳的小毛蟲，它靈巧地從繭裡掙脫出來，驚奇地發現自己身上生出一對輕盈的翅膀，上面佈滿色彩斑斕的花紋。它高興地舞動了一下雙翅，竟像一團絨毛，從葉子上飄然而起，它飛啊飛，漸漸地消失在藍色的霧靄之中。

便要得知，大自然裡的一切都有一定的發展規律與方向，歸總到最後順其自然是長久之計。要是毛毛蟲不是自然地從繭子裡掙脫出來，例如，你提前用剪子把繭子剪開，毛毛蟲會變成蝴蝶嗎？當然不會！這就告訴你，每個人都有各自的想法與追求，然無論如何，人是自然的動物，**只有順其自然，才能活得瀟灑、愜意！**

在修煉後，你不能忘記的心法

❶順其自然不是宿命論，而是在遵守自然規律的前提下積極探索；順其自然不是不作為，而是有所為，有所不為；

❷只要自己努力過，問心無愧便知足了，不奢望太多，也不因此失望；

❸順其自然是人生快樂的最好的活法，不抱怨，不歎息，不墮落，勝不驕，敗不餒，只管奮力前行，只管走屬於自己的路；

❹順其自然不是隨波逐流，放任自流，而是應該堅持正常的學習和生活，做自己應該做的事情，弄明白自己的人生方向後踏實地順著這條路走下去。

鑰匙8

怎樣的成功才能讓你獲得快樂？

請看這個發人深思的故事：

沈河是個富二代，從小過著衣來伸手飯來張口的生活。一天，爸爸把他叫到跟前，說：「沈河啊，你也不小了，打算將來做什麼呢？」

沈河不加思索地說：「家裡那麼有錢，我不用做事一輩子都花不完，爸爸不用為我擔心了。」

爸爸聽後，長長地歎了一口氣，說：「你小時候我供你讀書，大了的時候送你到國外上大學，你知道爸爸媽媽撫養你多麼不容易嗎？原指望你會有點出息，沒想到會那麼養尊處優。」

沈河說：「咱們家裡那麼富有，為什麼非得要拼命地努力呢？」

爸爸說：「那些富有的資產不是你的，你從此以後必須要努力，爸爸將凍結你的帳戶，每月給你一定的生活費，半年後，你要自己生存。」

沈河說：「爸爸，別，幹嘛那麼絕情呢？你要凍結了我的帳戶，你叫我喝西北風去？再說了，在社會上生存那麼困難，你叫我這麼個公子哥怎麼從基層做起啊？而且，別人知道總經理的兒子混得很慘，他們一定會笑話你的。」

爸爸說：「你簡直不可救了，還想過著富二代的生活，你自己出去謀生吧，從今天起，你的帳戶將被凍結，你也將被趕出爸爸給你買下的那棟別墅。」

沈河眼都傻了，停頓了一會，說：「爸爸，你不會來真的吧？我那輛車呢？」

爸爸說：「對了，還有你那輛車，也將被公司沒收。」

沈河一聽，都不知道該怎麼辦了。

爸爸說做就做，很快地將沈河趕出了別墅，讓他一個人到外面去租房，去自立謀生。沈河簡直恨透了他的爸爸，他不明白爸爸怎麼甘心讓他過那種窮酸的生活。然而，即便不滿，生活還得過下去，為了生存，沈河出去找工作。找了很多次，也去了很多單位，沈河都覺得很累，沒有合適的。

他的好朋友知道了這件事，對沈河說：「你現在不是一個富家公子了，有必要靠自己的能力去生存了。」

沈河說：「談何容易？你說說我能幹什麼呢？」

那個朋友說：「看來你離開了你的富爸爸什麼都不能做了，要知道，一旦這樣，養尊處優，往往會後患無窮。你可以想像，你爸爸的那個公司現在是知名企業，萬一某一天倒閉了，你能跟著你爸爸去混飯吃嗎？」

沈河說：「別說那些喪氣的話，就算倒閉了我們家也有很多錢，不愁吃不愁穿，我就想不明白，我爸爸那根腦筋不對了，偏要讓我過這種窮日子。」

朋友說：「你爸爸不是不對，只是你過慣了富裕的生活，習慣不了貧窮的日子。要知道，人生變幻莫測，萬一某一天你貧困潦倒了，你不生活下去嗎？」

沈河覺得朋友的話說得很對，想了一會兒，說：「那我可以在爸爸的公司裡工作啊，為什麼他偏偏讓我流落街頭去自謀生路。」

朋友說：「你爸爸可能知道你不適合那個行業，尊重你的選擇讓你在你自己喜歡的行業裡開拓一片天地。對了，你想做什麼工作呢？」

沈河想了一會兒，說：「沒有頭緒，也不知道做什麼好。」

朋友說：「這樣子就不行了，你不知道自己能做什麼，會做什麼，是成不了大事的，你不能那麼迷茫！」

「可是，我真的其他的事情不會做啊！」

朋友說：「不是你不會做，只是你不知道會做什麼，能做什麼，眼下爸爸已經把你逐出家門了，你只能靠自己了，努力做出一個樣子來，讓你爸爸刮目相看。」

沈河說：「做什麼好呢？」朋友說：「你自己好好想想吧，我得出去接我女朋友了，再聊！」說完，朋友就急匆匆地離開了。

朋友走後，沈河陷入了沉思，他覺得朋友的話說得很對，人必須要有方向，不然會活得沒有意義。可是，自己適合做什麼呢？沈河想來想去，都沒有結果。

傍晚的時候，沈河到大街上去買零食，看到一個乞丐可憐巴巴地祈求著，出於憐憫之心，給了他一千塊錢。乞丐眼都傻了，問沈河：「你沒有給錯吧？」

沈河看了看乞丐一眼說：「沒有啊，難道嫌錢太少？」

乞丐說：「不是，是太多了，真的感謝你，小夥子，我已經三十年沒有收到這麼高額的紙幣了。」

沈河覺得奇怪，問乞丐：「怎麼說三十年呢？」

乞丐說：「我年輕的時候家境非常富有，可是我沒有方向沒有目標，在父母去世後，他們固然給我留了一大筆錢財，可是很快就被我花光了，由於沒有能力，在社會上屢屢碰壁，我只好淪為乞丐，今天受的苦也是我年輕時太養尊處優的報應。」

乞丐的這一席話對沈河的觸動很大，他想如果自己不去做正經事的話，將來也可能淪落成乞丐。於是，沈河思來想去他適合做什麼行業。他忽然想起，他小時候很愛繪畫，也立志當一名繪本作家，只是作家的命太苦了，往往都很窮酸，他就否決了那個夢想。現在想來想去，只有那個最適合他了。

沈河又想了很長時間，他還是很想當繪本作家，就自然而然地拿起了筆，雖然生活過得很艱辛，但也樂在其中。

他的爸爸讓人悄悄地打聽到了沈河已經步入了「正規」，很是高興，私下裡幫助沈河不少。

就這樣，沈河不用為吃飯、穿衣發愁，他寫出了一部部很優秀的繪本作品，而且想當然地成了一個繪本作家，在社會上也小有名氣。沈河終於鬆了一口氣。

他的爸爸也來見他了，對他說：「兒子，你不錯啊，有志氣。」

沈河笑著說：「沒辦法，你當初不讓我養尊處優，我只有靠自己了，而我只能畫畫，因為畫畫是我的興趣，而且，我也知道爸爸背地裡幫助了我不少。」

爸爸說：「我當時不讓你接管我的事業，是因為爸爸從很早就知道你的興趣不在這，爸爸不想扼殺了你的夢想，你的才華，所以讓你到外面去謀生，而看到你在外面生活得很苦，爸爸也很擔心啊，所以讓管家給你送了一些必需品。現在還怨恨爸爸當初凍結你的帳戶，截斷對你的經濟來源嗎？」

沈河說：「我現在不怪爸爸了，因為我有了自己的事業，反倒是我要感謝爸爸，沒有讓我養尊處優成了扶不起的阿斗，現在，我在業界也小有名氣，而且贏得了很多人的支持，得到了鼓勵的掌聲。」

看到兒子有今天的成就，爸爸高興地說：「兒子的確不錯，沒有辜負年華，這樣，你爸爸就對你的未來放心了。」沈河高興地笑了。

又一天，他走在大街上，又看到了那個淪為乞丐的富家子弟，不禁感謝自己讓人生有了方向獲得了改變。

從此，沈河不敢再漫無目的地生活了，因為他知道，今天的努力是為了明天，今天不努力，就可能明天像那個乞丐一樣，而爸爸的財產固然可以繼承給自己，但事業不能繼承。事業必須要靠自己打拼。沈河想著想著，不禁為自己做出了明確的選擇高興地笑了。

逆境是天才晉升的階梯，能者的無價之寶，弱者的無底深淵。

在修煉後，你不能忘記的心法

❶幸福的滋味是由苦澀慢慢發酵的結果；

❷錢財可以繼承，但智慧、聰明等不行，所以，我們有必要自立，做自己的主人，不能成為寄生蟲；

❸安逸只會讓人越來越消極，越來越懶散，當某一天提供這些的條件不再，只會淪落；

❹只有很好地接受社會的挑戰與磨礪，才能長大、成為強者。

鑰匙9

人生中比事業更重要的是什麼？

親人就像及時雨一樣，在我們受傷的時候給我們以溫馨。這種感情割不斷剪不斷，並伴隨我們一生。

俗話說：「血濃於水。」我們便要珍惜自己的親人，每一個不幸，每一個傷痛，都會有親人陪伴我們度過。

下面，來看一則發生在身邊的故事：

今天是大年三十，來自偏遠山區的阿毛此時正孤獨難耐。他今年掙不了錢，所以回不了老家。推開窗戶，看到四處融融暖暖，每一處都歡聲笑語，心裡更不是滋味。

但是，他還是拿起了電話，給遠在他鄉的老母親報平安，說自己生活得是多麼好，而且現在正在台北的朋友家裡吃年夜飯呢！其實，只有他心裡清楚，漂泊在外的日子多麼不好過。

阿毛還有一個哥哥在台中工作，自從父親去世後，有責任感的他倆就決定著要好好地照顧著母親。聽哥哥說，他今年因為工作忙也回不了家了。看來，母親要在家裡一個人孤獨地過年了。但是，兄弟倆不忘了安慰母親，讓母親好好地在鄰裡走動。母親也是一個通情達理的人，說他們年後，可以抽空的時候記得回來看一下就好。

阿毛猜想，可能哥哥也因為處境不好沒有面子回家吧！要知道，哥哥雖然比阿毛晚入社會，但是哥哥的學歷很高，是村裡最有名的大學生。他除了關照母親之外，對阿毛也是細心地體貼、關心著。阿毛覺得，有了一個哥哥真好。

他想了又想，還是無奈地搖了搖頭，要過只有一個人的除夕。

傍晚十八點鐘，阿毛聽到合租的房子內有人按門鈴，就過去開門了。他竟然沒有想到，是他的哥哥來台北了。阿毛一時驚慌不知所措，但還是熱情地把哥哥請進了他租賃的屋子裡。

阿毛的哥哥給他帶來了很多台中的特產和一些其他好吃的東西，阿毛不好意思地說：「你來台北怎麼不告訴我一下啊？」

哥哥笑著說：「如果你知道了，還會讓我來嗎？我雖然說今年不回老家了，但是沒有說不來台北看你啊！我一直擔心，怕你在台北過得不好，我有責任、有義務時刻地照顧著你。」

阿毛很感動，問哥哥吃飯了沒有，哥哥說沒有。於是，阿毛開始在自己的小屋裡做飯了，哥哥在一邊幫忙，一邊津津有味地說著他帶來的那些東西是多麼好吃。

兄弟倆就這樣快樂地做著飯，當快到晚上七點的時候，他們把飯做好了，便坐在一起吃著，而且打開電視，準備收看除夕特別節目。

阿毛和哥哥談笑風生，這時候才覺得自己是多麼幸福。

第二天，哥哥一早就要離開台北回台中了，但是他不忘了給阿毛一些零用錢，阿毛哪裡好意思接受，但是哥哥非得要塞給他，阿毛只好硬著頭皮接下了。

哥哥說，等春暖花開的時候他會回家看望媽媽，現在他工作也穩定了，會常抽空來台北看望他。阿毛聽著聽著，忽然覺得自己不再孤獨了，眼中流下了感激的淚水。

親人多麼重要啊，會不讓我們感到孤苦，會心中湧動著一陣陣暖流。

今生有親人的陪伴，值得！

但是，月有陰晴圓缺，人有悲歡離合，生老病死。現在不懂得珍惜親人，將來後悔便晚焉！

再看一個故事：

在兩千多年前的中國，出現了一個大思想家、大教育家、政治理論家，他時至今日還影響著全世界的人們，他便是孔子。

孔子時常帶著眾弟子們出遊，以便讓他們對所見所聞有更多的心得體會。一次，孔子在和弟子們出遊時，聽到了一陣陣悲戚的哭聲。他們側耳傾聽，才發現不遠處楊柳岸的一座小亭裡有一個人正抱頭大哭。這到底是怎麼一回事呢？為了弄明白，孔子便和弟子們逶迤走向了那座小亭。

當走到那座小亭之後，孔子才發現這個大哭的人並不是別人，正是賢人臯魚。以前臯魚出入總是綾羅綢緞、前擁後簇，而如今他穿著粗布衣，孤單地一個人在這裡哭泣。

孔子因為他被疏遠了，就問：「君王對你不好嗎？為什麼會把你弄到這步田地？」

臯魚仍哭著說：「仲尼啊，我這麼悲傷並不是因為仕途不順，君王反而對我更好，我也越來越備受器重。」

孔子有點不明白了，又問：「既然你官場亨通，又沒有什麼喪事，為何哭得這般悲傷？」

皐魚便擦乾了眼淚，和孔子促膝長談，他說：「我現在深刻地明白了我有三個過失，我為這些而追悔莫及啊！」

「是哪三個過失呢？」

皐魚便說：「第一個過失是在我少年的時候愛好遊學，而把父母放在次位；第二個過失是我為了理想，整天侍奉君主，沒有很好地贍養雙親；第三個過失是我結交了更多的朋友，與朋友的情誼越來越深厚，卻疏遠了親人。」

孔子聽後，細想了一會兒，說：「只是沒有報答父母而已，沒有必要這麼傷心欲絕吧？」

誰知，皐魚說：「我現在很想好好地孝敬我的父母，只是他們都不在人世了，我連一次盡孝的機會也沒有了，所以我會悔恨不已，失聲痛哭起來。」

孔子恍然領悟，在回去後對弟子們說：「你們要引以為戒啊！父母生我們、養我們多麼不容易，我們要報答他們的恩德，這種恩德就像天空一樣浩瀚無極、廣大無邊。」

因此，佛陀說親人是我們的菩薩，要好好地報答他們，不要等到悔恨得失聲痛哭。他們能成為我們的兄弟姐妹或父母便和我們有緣，如果親人離世了，也不要過於脆弱、悲傷。

友情可以放棄，愛情可以選擇，而親情卻是你一輩子也不能選擇和放棄的感情。

在修煉後，你不能忘記的心法

❶人生最悲傷的事莫過於年少時親人離去了，這時候要去承受，走完這風雨變換的花季、雨季；

❷要感謝每一位親人，並且很好地讓他們感受溫暖，這種關懷是相互的；

❸不要等到失去後才後悔，所以，親人是你的菩薩，需要你畢恭畢敬地敬仰；

❹有親人多麼美好啊，會不至於我們年少時孤單，成為流浪兒，這一份親情，更值得珍重。

5 CHAPTER

擁有愛情的7個訣竅

愛是火熱的友情，沉靜的瞭解，相互信任，共同享受和彼此原諒。愛是不受時間空間條件環境影響的忠實。愛是人們之間取長補短和承認對方的弱點。

訣竅1

如果愛已不在，我該怎麼走出來？

茫茫世界裡，有多少人在感情上迷失了自己，失戀、婚外情等，每當這些不幸的事情發生，就如同一把利刃插在了心頭上，讓人痛不欲生。然而，人的感情會隨著生活的變化而變化，人的審美需求也會隨之而變，沒有一個人會固定不變地認為一種事物絕對完美。當這些不幸的事情降臨時，我們該怎麼辦呢？自尋短見嗎？其實，完全沒有必要。在這個世界上，有一種愛叫天長地久，還有一種愛叫不一定要擁有。既然兩個人的感情已經破裂，與其傷心痛苦地去挽回，不如就此放手，別讓自己失去了愛情還失去了自尊。因為在愛情的世界裡，沒有卑微。有位愛情專家說過：「人的一生，如果沒有經歷過一次失戀，一次感情上的挫折，那麼他還沒有算真正地長大。」

的確，人在走過生命之河時，最難靠理念的執著去呵護愛情，最難駕馭的乃是感情這葉扁舟。人在很多方面都表現其偉大性，只有在感情方面，仍遷就著人性弱點從而導致種種煩惱與挫折。那麼，當面臨社會上五花八門的誘惑時，我們將如何把握，是投之以矛，還是施之以盾？

就應該知道，當不幸的事情發生時，應該以冷靜的心態面對這份感情，因為只有如此才能窺視愛的真諦。愛不只是一種感情，它也是一種生命的藝術。愛使生命崇高偉大，使生命具有詩意。

如果一個人的感情發生了變化，卻為了顧及情面、家庭等問題而不敢表明態度，那麼這對雙方都是一種極大的傷害。其實，愛應該是自由的。如果突然出現的第三者才是你的真愛，而你也確定你與另一半的愛已經不復存在，那麼選擇追求新愛並不為過，這其實也是對原有愛情的負責。兩個不相愛的人苦苦地在一起，其實是讓彼此更加不愉快，甚至受傷害。

愛非常複雜，也許有的人已覓到溫暖的港灣可以休憩在甜美的溫床上，也許有的人終生與它無緣，也許有人在甜蜜的夢中突然被傷感的鐘聲敲醒，不得不面對眼前愛被奪走的現實。此時當你揭開愛情的面紗時，這份真愛已不屬於你，怎麼辦？不妨少些憤怒、怨恨，多些沉默、寬容，放「真愛一條生路」，同時對自己也是一種解脫。

來看一則故事：

有一部影片叫作《失樂園》，講述了兩個已婚人士——久木和凜子的感情糾葛。

端莊溫柔的凜子是一名書法愛好者，在報社所屬的「文化中心」當講師。而久木就是在應邀去「文化中心」講座時與她在飯局上偶然邂逅的。早已與妻子情愛麻木的久木最近又因工作變動而失意，當他與凜子相見的那一瞬間，心便不由地產生了一種衝動。凜子像楷書那樣的規範與格調給他留下了刻骨銘心的印象。

而凜子的丈夫是東京一所大學醫學部的教授，是位身材頎長的美男，但是他是一個工作狂，對凜子很冷漠。無愛的家庭婚姻，與難於抵禦的情感誘惑，使凜子與久木陷入「婚外情」的漩渦。

兩人精神世界的共鳴和感官上的愉悅體驗，讓他們開始重新審視自己的人生意義。

他們認為此時才找到人生的真愛，在真情的迷醉放縱之後，紛至遝來的是凜子的丈夫以「不離婚」進行報復，久木被匿名信所困擾，只好被迫辭職。親人的疏離，同事的嘲笑、揶揄與世人的白眼，使他們在叛逆中毅然秘密同居。

從此他們就如同亞當與夏娃因偷食禁果被趕出伊甸園一樣，被趕出了人生的樂園，當每一次的歡悦結束以後，他們都感到孤單寂寞。為了返回樂園，永遠活在樂園裡，他們選擇了天堂這個永久的家。

愛一個人就應該給他自由，這樣才不會因為擁有而束縛對方，才能讓彼此都感到寬慰、舒心。

在修煉後，你不能忘記的心法

❶人的感情會隨著生活的變化而變化，人的審美需求也會隨之而變，沒有一個人會固定不變地認為一種事物絕對完美；

❷如果一個人的感情發生了變化，卻為了顧及情面、家庭等問題而不敢表明態度，那麼這對任何人都是一種極大的傷害；

❸當你揭開愛情的面紗時，這份真愛已不屬於你，怎麼辦？不妨少些憤怒、怨恨，多些沉默、寬容，放「真愛一條生路」，同時對自己也是一種解脫。

訣竅2

為何人總是失去了，才會懂得珍惜？

對於希望得到愛情的年輕人來說，固然有的人會贏得圓滿的婚姻，但也有一些人接二連三地失戀。

對於那些失戀的人，該怎麼樣正確地對待自己呢？

其實，失戀很正常，我們沒有必要更多地去在乎。世界有七十多億人口，誰也不知道誰將是誰的終生伴侶，就算我們有可能和現在的戀人愛得死去活來，在婚姻自由的情況下，他並不一定會陪伴我們到最後。於是，有的人和我們相戀了，然後相愛了，到最後又分開了。

我們可能和很多人有一段感情，然而到最後卻只有一個人值得我們守候終生。我們要抓住那個值得我們去愛的人，否則一旦錯過了就會成為永遠。

來看一個故事：

素娟和吳達相戀了，一開始，兩情人卿卿我我，耳鬢廝磨，甚是讓別人羨慕。素娟也沉浸在愛情的甜蜜之中。但是後來，吳達遇到了另外的一個更喜歡的女孩，就和她分手了。對於男友的背叛，素娟痛苦到了極點，可是任憑她怎麼挽回，吳達都難以回心轉意。素娟傷心極了，天天以淚洗面。

素娟失戀後只要一天沒有正確地看待自己，她就走不出失戀所帶來的陰霾。

其實，我們沒有必要那麼折磨自己，失戀固然會讓人難受，但說不定和我們分開的那個人並不適合我們。只要我們認真地尋找下去，說不定會遇到那個和我們相知相契的人。

再看另一個故事：

麗丹被男朋友甩了，心情一落千丈，她不明白為什麼現在的男人都是甜言蜜語之後冷眼相對。可是，她的男朋友是不會回到她身邊了，麗丹整日百無聊賴地生活著。她不再相信愛情，日子也過得平平淡淡。

若干年後，麗丹到了談婚論嫁的年齡，她的爸爸媽媽催促她早日結婚。麗丹這時才知道，不能一個人過下半輩子，可是，人海茫茫，她的真愛在哪裡呢？

每天晚上，麗丹都是輾轉難眠。是否男人的諾言的確不值得信任，她仔細地思索著。

後來，爸爸媽媽給她介紹了一個看起來很不錯的伴侶，麗丹不想繼續單身，只好和那個人開始約會。從和他的相處中，麗丹發現，其實他還不錯，高大英俊又會照顧人。再後來，黃麗丹和他步入了婚姻的殿堂，生活得也美滿。

麗丹在失戀的不幸後又接受了一份新的感情，她才能走出失戀帶來的痛苦陰影。人難免會失戀，失戀後不需要認為今生都被他給毀了。

其實，人生在世，尤其是在愛情方面上，很難知道誰將是我們最後的伴侶。在結婚之前，我們可以屢次失戀，而一旦結婚了，就要固守彼此之間的感情。不用擔心對方會背叛你，因為對方也是好不容易才能和你走到一起的。

既然雙方都費了好大的努力才成就圓滿的婚姻，就要堅守這一份感情，不可背叛對方。

要知道，我們婚後和婚前是不一樣的，這時候不能見異思遷，必須要負起對另一方的責任，這樣兩個人在一起才會長久。當然，也有時會有離婚後的不快。而無論何種情況，都要坦然地面對。

人生變幻莫測，並不是在我們身邊的人就能陪伴我們到老，而我們有必要守候這一份感情，因為來之不易。

就那樣，耐得住每日三餐的粗茶淡飯，肩負起撫養孩子、照顧父母的義務，雖然很平淡，但兩個人這樣的感情才會天長地久。否則，吃著碗裡還望著鍋裡的，固然有可能會遇到更好的，但會給以前的那個愛你的人帶來傷害。這喜新厭舊、浮萍心性是讓人所不齒的。而且到最後往往會發現，最愛我們和我們最愛的人卻是我們現在的愛人。

所以，**結婚之前可以有失戀的傷痕，但不要讓那段傷痕一直抹不去，忘掉那些給你帶來傷害的人，你才會生活上輕鬆一些。**而結婚之後，我們就不可和另外的人去談戀愛了，因為不但會浪費時間、精力，而且有可能會遭受對方的欺騙，蒙受損失。更何況我們現在的愛人對我們不錯，為什麼非得要背叛他呢？要知道，一旦背叛就有可能失去他，而且到最後會發現，原來我們找了一輩子，那個值得我們最愛的人卻是我們失去的人，你開始後悔，可是已經晚了。

在修煉後，你不能忘記的心法

❶ 人不可能一輩子一個人過，大部分人需要另外的一個人陪伴；
❷ 我們尋找愛情，卻一次次地被傷害；
❸ 失戀很正常，只是緣分沒到而已；
❹ 總有一個人會牽起我們的手，步入婚姻的殿堂，並相知相契。

訣竅3

為什麼我已經這麼努力經營婚姻，最後還是破碎？

愛情是什麼？是把一對男女約束在一起的一紙證明，還是「生死契闊，與子成說。執子之手，與子偕老」的一句堅定承諾？婚姻是什麼，是快樂的港灣，還是愛情的墳墓？

而每個人都渴望婚姻幸福，因為婚姻幸福了，生活品質才能提高，才能獲得快樂的基礎。但是又有多少人有幸福的婚姻呢？我們怎麼才能讓婚姻更幸福呢？

曾經就有人把婚姻定義為「緣分」，緣分來了，兩個人在一起了；緣分沒了，兩個人就分開了。可是，在現實生活中，緣分來了又走了，造就多少人的不幸，又葬送了多少人的美好青春。難道真的是這樣嗎？用緣分來作為兩個人結合的理由，這使得大多數人認為婚姻是上天的安排，而最終不受人為的把握。無數不幸的事例告訴我們，愛情不能靠緣分來決定，真正地愛情需要去呵護，婚姻需要去經營，它的幸福與否，往往取決於兩個人的努力。因為婚姻從來就不是靜止的，猶如兩個普通人的感情，他們可能是一對很好的朋友，但如果在相處的過程中，不知道時刻去維護友誼，那麼他們的友誼遲早會破滅。夫妻之間的感情也是如此，我們不能靠緣分和天定，在婚姻愛情方面，兩個人都是掌握快樂的主導者。

於是，便有人很糾結，在他們看來，沒有愛情的婚姻是不負責任的，也不會有快樂的，沒有婚姻的愛情是不完美的。婚姻只是愛情的一個階段，不是終點；婚姻是讓愛情法制化，不是把兩個無關的捆綁在一起，愛情是婚姻的基石。婚姻原本就像一杯白開水，無色無味，如果你想讓這杯白開水變得光彩甜蜜，那你就趕快動起手來，用鮮花、甜言蜜語去調和這杯白開水，只要你有心這杯無色無味的婚姻也會變得有滋有味。

那麼，就要經營你的愛情、婚姻了，這能讓兩個人的感情變得更瓷實，讓青春結出的果實永不凋零。

來看一則故事：

結婚之前，黃小姐對自己的男朋友非常滿意，心裡很是歡喜，她認為自己找到了一個完美的男人，自以為將來的婚姻生活一定會很幸福。於是，兩個人在一段熱戀後，結婚了。

可是，結婚沒過多久，黃小姐越來越覺得婚後的先生和婚前大不一樣了。黃小姐說，婚前，先生特別勤快，而且體貼入微，每當她逛街的時候，先生總是耐心地陪在身邊，沒有任何怨言；可婚後就不同了，先生卻總以工作忙為藉口，從不陪妻子逛街，對家裡的事情也懶於伸手。

黃小姐感到丈夫沒有了以前那麼體貼了，兩人之間好像缺少了些浪漫，更不用說有什麼激情可言。

日子長了，婚前的甜蜜沒有了，取而代之的卻是生活中夫妻倆的吵架拌嘴，兩人的婚姻陷入了困境。

一年後，黃小姐實在忍受不住了，而他的丈夫也受不了她的嘮叨，於是，兩人與其痛苦地在一起，不如分開，最後兩人選擇了離婚。

可見，**婚姻需要經營，不然，即便兩情相悅，最終也會不歡而散。就有必要給平淡的生活中注入一點活力，同時也要知足，才會幸福一生。**

在修煉後，你不能忘記的心法

❶兩情相悅未必能在一起，經營便會步入婚姻的殿堂；

❷愛情與婚姻不是天註定，是靠經營的，你們兩個人努力與否，決定著你們的愛情、婚姻的幸福與否；

❸婚姻不在於高低貴賤，兩情相悅便勝過房子、車子和金子；

❹只要用心、用智慧去經營愛情、婚姻，才有「執子之手，與子偕老」的美麗浪漫，家庭才會成為愛的港灣。

訣竅4

如果緣分已盡，你該做的事情是什麼？

請看這則淒美的愛情故事：

每逢春天來臨的時候，院子裡的櫻花就會盛開，奶奶就會提著小板凳，坐在櫻花樹下，手裡拿著一枚戒指，不知道在念叨著什麼。

她的孫女兒小麗看到了，走過去問：「奶奶，你都這麼一大把年紀了，怎麼還念叨著一枚戒指？」

然後，小麗仔細端詳著那枚戒指，問奶奶：「這是誰的啊，你怎麼一直保留著？」

奶奶說：「那是我初戀男友的。」說著說著，奶奶沉浸在幸福的往事之中。

那是五十年前的事了，奶奶年輕的時候可是一位楚楚動人的姑娘，她經營著自家的服裝事業，每天都要到城裡去送貨。有一天，有一個年輕的小夥子訂了貨，是一件鑲著珍珠的禮服，小夥子決定送給他的未婚妻。奶奶把那件禮服做好後，就騎上自行車到城裡去了，誰知在轉彎的時候，迎面來了一輛卡車。奶奶被撞到了。幸好奶奶並沒有受傷，只是那件禮服壞了。小夥子的未婚妻知道了這種情況，非常惱火，就取消了和小夥子之間的婚約。而小夥子失去了那個婚約，就有可能要面臨著五百萬的債款，於是，他把矛頭指到了奶奶的頭上。奶奶只是一個農村的女孩，哪裡有那麼多錢呢？小夥子看到奶奶雖然衣著樸素，卻漂亮、善良，就對奶奶說：「如果你答應嫁給我也沒有問題。」

奶奶當時傻眼了，真不知道該怎麼回答。後來，為了幫小夥子償還那些巨債，而且彌補自己造成的過失，奶奶決定給別人打工，但每天的工資很少，不知道何年何月才能夠幫助小夥子償還得了。奶奶只好坐在櫻花樹下哭泣。在櫻花樹下奶奶遇到了她的初戀情人，感覺他就像及時雨一樣，馬上借給了奶奶五百萬元，從此奶奶也逃離了小夥子威脅的魔掌。奶奶不知道櫻花樹下的那個年輕人為什麼幫助他，就詢問他原因，他說他喜歡櫻花樹下那個哭泣的女孩，喜歡她的心靈手巧。奶奶覺得臉頰都紅了。從此，那個年輕人和奶奶經常來往，奶奶也把自己做的衣服交給那個年輕人讓他拿去賣。就這樣，日子一日日地過著，奶奶不知道按照年輕人的要求做了多少件非常好看的衣裳。

那個年輕人對她說：「我要回到美國的父母那邊去了，等我向父母講了我們的狀況再來接你。」奶奶不捨得他離開，他就從懷中掏出一枚戒指，戴在奶奶的手上，奶奶當時覺得幸福極了。那時候，櫻花正盛開，看上去好美。

奶奶說著說著，一副如癡如醉地回味的樣子。

小麗看到了，問奶奶：「那後來的結果呢？」

奶奶歎息著說：「我在櫻花樹下等啊等，等了一年又一年，他始終沒有回來。後來，我遇到了你爺爺，這不，就有了你。」

小麗說：「那他現在在美國過得還好嗎？」

奶奶說：「我不知道，也不知道他結婚了沒有，但我相信有一天他會回來。」

小麗說：「要是他不會回來，你就不是白等一生了嗎？我聽到過很多癡心女負心漢的悲劇。」

奶奶看了看戒指，意味深長地說：「這些年我等待那個約定，也相信他，只是他始終沒有履行諾言，我覺得有時是度日如年。」說完，奶奶遙望著遠天，不知道在想念著什麼。

奶奶就這樣等啊等，繼續地盼望著，直到她彌留之際也沒有等到她的初戀情人歸來，她滿含著淚水，對小麗說：「我這一生等了他一輩子，也相信了他一輩子，到後來他卻沒有來，可能是騙了我一輩子，我還是這樣癡癡地等，傻傻地等，等來等去卻沒有結果。小麗，現在奶奶終於明白了，世界上有三種東西不能相信，一是男人的諾言，一是女人的眼淚，一是朋友的酒話，而男人的諾言最不能相信，你這麼善良，我怕某一天你也會像奶奶一樣抱憾終生。」

小麗說：「你怪他了？」

奶奶說：「不怪他不可能，雖然我曾經心存著希望。我是那麼地相信承諾，而他卻一直沒有履行諾言。現在，奶奶不久就要離去了，在我離去後，埋在那棵櫻花樹下，我還要等，雖然已經等得疲憊。」

小麗說：「這是何苦呢？你等了他一輩子還不甘心？難道還要讓他下輩子辜負你？」

奶奶說：「我始終相信我和他有一定的緣分，要不他當初不會幫我還了五百萬的巨債。」

小麗說：「那不一定是你的錯啊，說不定他別有目的，要不為什麼他當初把你的手藝學過去，而且讓你白白做了一些衣服給他，你不是很怪他嗎？」

奶奶說：「雖然有時不怪他，但有時卻在埋怨著他，我不知道這一生到底是為了什麼。」

說著說著，奶奶把戒指遞到了小麗手上，還想開口說什麼，只是眼睛中流著淚離世了。奶奶去世後，小麗按照奶奶的遺願把她葬在櫻花樹下。她收藏著奶奶交代給她的戒指，希望有一天奶奶的初戀情人來看望奶奶。可是，那個人一直沒來，直到小麗結了婚，生了子，也做了奶奶，那個人還沒有出現。

小麗的奶奶相信櫻花樹下的約定，但約定變成了辜負，讓奶奶最終遺憾地離開了人世。為了達成奶奶的遺願，小麗拿著奶奶留下來的戒指，希望有一天奶奶的初戀情人到來可以親手交給他。但是直到小麗到了晚年，奶奶的那個初戀情人也沒有來。

到底是誰的過錯呢？是奶奶的初戀情人撒了謊言，還是奶奶太過於執著那一份約定？

其實，約定固然可能是甜美的，但約定就有可能讓某些人誤了一生。守著約定等了一輩子卻枉然。這其中的無奈，和日日盼夜夜盼的滋味說能知道呢？

是那個背叛約定的人的錯嗎？還是守著約定的人太過於鍾情？

這裡，很難明白，到底是誰之過？說不定那個背叛約定的人並沒有把這件事放在心上，或者因為意外的事故他無法履行這個約定，他也不想食言，但曾經的約定卻傷害了約定的另一方。

而要是守著約定的一方不去太過於執著，不去太相信某些人表面的話語，日子就可能好過一些。

想想，人海茫茫，大千世界，有些人固然會和我們有約定，但走了之後就可能永遠不再會回來。這時，**我們要相信這一生只有以前相見時光的緣分，沒有必要再祈求再見了，以免等來等去卻沒有結果。**

在修煉後，你不能忘記的心法

❶約定固然會讓人活在嚮往之中，但約定得不到實現會讓守著約定的一方活得很累，很無奈；

❷或許會等了一生無怨無悔，但一輩子被那個人給耽誤了，其中是心酸還是快樂呢？難以言狀，想哭哭不出來，想笑笑不出聲；

❸不輕易相信別人的諾言，要明白「男人是野生動物，女人是築巢動物」的道理；

❹如果緣分已盡，就不要再眷戀對方，便不會再感到痛苦。

訣竅5

分手後，如何快樂？

請看這個故事：

最近陰雨連綿，何興然的心一直很壓抑，不知道為什麼又想起了那個愛他最深卻又傷他最深的人。還記得三年前，他和她相約在桃花樹下。那時候，她穿著潔白的連衣裙，蓮步微動，淩波輕移，仿佛天上的仙。她是那麼地深愛著他，說將來做他的老婆。她的一言一語他都牢記在腦海。桃花見證了他們的愛情，煙雨保留了他們的回憶。那時候的日子多麼美好，不用擔慮將來。

何興然大學畢業後，和她在同一個城市裡謀取生存、發展，他們也共同描繪著未來的美好，有幾間房子，然後生一個活潑可愛的孩子……他們想著想著，都會情不自禁地笑起來。

可是，他們買不起房，更別談將來能夠過上舒坦的日子。何興然也拼命地努力著，即便每天心力交瘁，也難以改變並不如意的生活狀況。

她心灰意冷了，對他說：「咱們還是分手吧！」

何興然奇怪地問：「為什麼？」

她說：「幸福不能等，我媽媽已為我在家鄉找到了合適的伴侶，我要回去結婚了。」

他如晴天裡響了一個霹靂，久久不能平靜，然後他鎮定地說：「不能等我們再奮鬥幾年結婚嗎？」

她說：「等不了了，女人的青春不能等。」

他沒有辦法，只是待在那裡默默地不說話。後來，她還是離開了他，留下他一個人在大城市中打拼。他以為她從此會銷聲匿跡，但是，聽朋友說，她嫁給了一個很有錢的人，他聽著聽著，眼淚都流了出來。

「為什麼自己會沒有錢呢？」何興然反思著自己，難道她因為那些錢就背叛了當初的愛情？還是因為自己沒有能力，給不了她想要的人生？

何興然再看看窗外，窗外細雨綿綿，想起曾經的愛戀就是一陣餘痛。他不知為什麼會時常地想起她，可能曾經他們愛得深沉吧，可是，她為了一些物質上的財富就離開了他，讓何興然一直想不明白。

為什麼愛情經不住考驗，為什麼愛情在麵包面前會低頭？他想著想著，又情不自禁地流出了淚水。

何興然覺得心裡好難受，好長時間都不知道笑的滋味了，他的世界因為沒有她失去了光彩。不過，這些日子，何興然也想得透徹了，既然她那麼不念恩情，就沒有必要再固守那份感情了，雖然她曾經說很愛他。

何興然淡淡一笑，擦乾了眼淚，覺得好男兒不應為失戀哭泣，他有必要打起精神，去工作、賺錢。

懷著這樣的念頭，何興然覺得好受多了，再看看窗外，雨停了，一縷陽光正灑進來。何興然拉開窗簾，雨後的世界多麼美好，多麼新奇，何必要糟蹋自己呢？未來的路還得走下去，何必因為她對愛情的不忠貞讓自己活得這麼痛苦呢？

何興然覺得有必要振作起來了，不能再一直想念著那個不值得想念的人了。

何興然流過了淚，才振作了起來。而面對金錢，很多人都會動搖，你是否能夠從中很好地成長並有所領悟呢？

有時候，正是因為這一次流淚，才讓我們堅強，才知道是錯過了，還是放棄了值得。

而無論何時，即便是失戀，也應該擦乾眼淚讓對方刮目相看，不然對方更會慶倖、更會瞧不起你。

我們便有必要痛定思痛了，這一次次流淚會讓我們瞬間長大，會得知**錯過了不值得的，才能經營更美好的將來！**

在修煉後，你不能忘記的心法

❶ 當你富有的時候，可能人見人愛，當你貧困潦倒的時候，連最愛你的人也會舍你而去。社會就是這麼現實，所以，你要強大；

❷ 流淚之後，我們要更有醒悟，不能墮落；

❸ 每一次不如意，都可以從中學到另一種收穫；

❹ 流淚表明我們脆弱，我們要讓別人對我們油然生敬，就應該很好地振作起來，讓當初傷害你的人追悔。

訣竅6

愛情和麵包，我到底該怎麼去選擇？

請看這個故事：

李雅茹今年二十九歲，已經是快變成敗犬了，可是至今仍單身一人，她的爸爸媽媽很著急，催促她說：「雅茹啊，趕緊找個人嫁吧！」李雅茹說：「嫁誰呢？反正沒有合適的！」媽媽說：「不是沒有合適的，是你不去找。你想想看，你天天待在公司裡，會有人主動找上門和你結婚嗎？你應該多出去走走，多結交一些優秀的男士。」李雅茹說：「媽媽啊，我現在不想結婚。」媽媽說：「不想結婚？難道你想一輩子單身！我可不願我的乖女兒一輩子打光棍。既然這樣，你不願意找，媽媽幫你找吧！」李雅茹漫不經心地說：「那你就慢慢地找吧！」

在李雅茹下班回到家後，媽媽又對她說：「今天我給你找了幾個相親的對象，你明天去相親！」李雅茹說：「媽媽，我讓你找你還真找啊！」媽媽說：

「那怎麼了？你看看你，都快三十歲了，再不嫁出去就老了。」李雅茹沒有辦法，只好聽媽媽的話去相親。

第二天，李雅茹如期到了相親的地點，果然有一些男士前來相親，他們有的是海外留學生、房地產老闆、影視歌手、公司經理……好不容易相親完了，媽媽高興地說：「怎麼樣，有沒有合適的？」李雅茹愛搭不理地說：「我累了，我要回家睡覺了。」媽媽看李雅茹那種態度，很是不甘心，追著問：「你告訴媽媽，你到底有沒有看上啊？」李雅茹說：「他們的確很優秀，可都不是我的菜！」看到李雅茹沒有相上他們，媽媽很是失望，說：「這樣子吧，明天我再給你安排其他的優秀的男士相親。」李雅茹說：「媽，你煩不煩啊，反正我就是不想相親。」「不想相親，你想幹嗎？難道想讓爸爸媽媽養你一輩子，我告訴你，乖女兒，三十歲之前你就給我嫁出去，不然甭怪爸爸媽媽翻臉了。」李雅茹說：「好好，我答應你三十歲之前嫁出去，這樣子好了吧？」媽媽說：「答應不行，你儘快找到男朋友，不然媽媽不會放心。」看到媽媽很認真的樣子，李雅茹只好點頭答應了。

在公司裡也有很多優秀的男士，可是，李雅茹對他們都沒有感覺。她的同事看到了，對她說：「雅茹啊，你媽媽又在催你相親了？」李雅茹說：「可不是嗎？我媽媽就像一個媒婆。你想想，婚姻是一輩子的事，哪能隨便找一個人就嫁了？」她的那個同事說：「你現在單身，你媽媽當然不放心你啊！再說了，你也不小了，該找一個了。」看到同事也在催她，李雅茹不知道說什麼好了。

可天下之大，也有很多優秀的男士，哪一個才是自己的菜呢？李雅茹仔細地打量了公司裡的男同事，他們不是有潔癖就是長相不好看。李雅茹對他們都否決了，再想想大街上的男士，他們一個個都有了漂亮的女友，看樣子自己註定要被媽媽相親了。

李雅茹很失望，回到家裡悶悶不樂地躺在床上。她想，怎麼會沒有一個適合她的優秀男士啊？她可不想隨便找一個人就嫁了。李雅茹很苦惱。

轉眼到了新年，在即將回家過年時，公司裡的主管宣佈了一個好消息，從新加坡調來了一位優秀的青年，他將管理李雅茹所在的部門。聽說那位先生出身于豪門，而且高大帥氣，又有才有德，是很多少女心目中的白馬王子。其他的單身的女同事聽到了都豔慕不已，好想馬上就見到那位優秀的主管。而李雅茹對那個人並沒有感覺。

回到家裡過年時，爸爸媽媽看到李雅茹仍是一個人，都板著臉，不理李雅茹，好好的一頓團圓飯弄得每個人都沉默寡言。李雅茹想，她不能再等待了，不然到老了就沒有人要了。

在接下來的日子裡，李雅茹也試著見了一些男士，可思來想去他們都不是自己想要的終生伴侶，李雅茹覺得腦袋都要炸了。

直到新年後上班，李雅茹與她的那個新主管一見鍾情，李雅茹覺得可能會陷入愛河了。果然，她的那個新主管也對李雅茹情有獨鍾。就這樣，你情我願，李雅茹很快和那個主管走到了一起。

爸爸媽媽知道了，非常高興，邀請李雅茹和她的新男友回家吃飯。在餐桌上，爸爸問李雅茹的男友：「你真的喜歡我女兒嗎？」新男友怔了一下，說：「當然喜歡了。」爸爸說：「她都三十歲了，你們打算什麼時候結婚？」新男友說：「就今年吧！」爸爸一聽，高興地快要跳了起來，但還是按耐住心中的興奮，說：「你們不是閃婚吧？」新男友說：「當然不是，我很早就喜歡上雅茹了，因為三年前她曾去新加坡出差，那時我就注意到了她，只是她忽視了我罷了。」李雅茹反問：「這是什麼時候的事情？」男友說：「三年前，你忘了嗎？在椰子樹下，你在那兒喝著咖啡，而我卻是坐在你對面的那個穿著白色襯衫的戴著黑色墨鏡的男士。」李雅茹略有所悟地說：「哦，原來那個一直盯著我的人就是你啊！」男友微微一笑。

就這樣，李雅茹和男友並不是一面之緣，她想既然男友會為了她從新加坡遠來到台灣，她有必要珍惜這段緣分了，於是，李雅茹答應了男友的求婚。

終於，在一個月朗星稀、桂花盛開的夜晚，李雅茹和男友手挽著手步入了婚姻的殿堂。

並不是要達到了怎樣的目的，愛才成為愛。無論怎樣的愛都是一份美好，一份結果。而刻在心底的愛，因為無私無欲，因為淡泊憂傷，才會是真正的永恆。

在修煉後，你不能忘記的心法

❶千萬次失戀，千萬次痛苦，才能讓我們找到那個有緣的人，我們才會倍加珍惜；

❷現在社會，離婚的大多數情況是：婚前瞭解少、感情基礎弱、性格差異大、父母干涉多、彼此易猜疑、忍讓包容少，為了避免這些不幸，更要慎重地選擇那一個和你相守一生的人了；

❸經過了多次的婚戀失敗之後才得知：寧缺勿濫，所以，要找到投緣的那個人；

❹婚姻會改變命運，便要對自己的婚姻負責。

訣竅7

為什麼要一直不斷的去戀愛，才能找到我的Mr. Right？

請看這個故事；

有一位很優秀的女孩，一直不相信男友會背叛她，然而男友偏偏和她的好朋友私奔了。這突如其來的打擊，讓女孩承受不了。她不明白，和她交往了三年的男朋友為什麼那麼輕而易舉地就被好朋友搶走了，而且好朋友和她的關係也不錯，為什麼要搶她的男朋友。女孩越想越生氣，只覺得自己晦氣極了。

女孩找到了她的男朋友，說：「祝福你們！」她的男朋友啞然，說：「你不會怪我吧？」女孩說：「我有什麼理由怪你呢？既然你移情別戀我挽留也沒用，不如祝福你，這樣心裡安穩點。」說完，女孩一甩胳膊就離開了。其實，女孩心裡很難過，她在流著眼淚。

第二天，女孩的好朋友約她在咖啡廳裡談話。閨蜜說：「對不起！」女孩說：「有什麼對不起的，不就是一個男人嘛！」好友說：「可是，我搶了你的男朋友，你會不會怪我？」女孩說：「當然會，但我不會接受你的道歉。世上的男人那麼多，為什麼你偏偏要搶他？而我為什麼那麼傻？為什麼要相信他天荒地老的誓言？從此以後，咱們之間當陌生人吧！」好朋友還想解釋，女孩卻一甩胳膊，又離開了。

回家後，女孩感到很難過，這已經是她失戀後的第二天了。為什麼男人都是見異思遷呢？從此，她恨透了男人。

而恰巧公司裡有一位男生喜歡她，看到女孩失戀後很痛苦，那位男生很著急，找到女孩，安慰她。女孩裝作很堅強的樣子，說：「不就是失戀了嗎，有什麼大驚小怪的？」「可是，我看你很擔心，擔心你為此憔悴了不少。」「我憔悴不是因為他，是因為世上沒有一個男人是好東西。前一段時期還說愛我永不變，現在倒好和我的好朋友雙宿雙飛了。看樣子，世上的男人都是見一個愛一個。」男孩說：「不是的，不是所有的男人都是那樣子的，也有很多男孩子是真心的。」女孩說：「現在真心的人已經不多了，我想今後要在失戀中度過了。」

過了幾天，男孩看到女孩越來越憔悴，找到了她，說：「怎麼了？你還忘不了他嗎？你看看你，現在都瘦成豆芽菜了！」女孩說：「誰忘不了他，他那個負心人，想著他還有何用？」男孩說：「他會為了背叛你深感愧疚的，既然這樣，他很難回到你的身邊，你不能一輩子這樣過吧？開始一段新的感情吧！」女孩說：「不要了，我不再相信愛情了，我對愛情死心了。」

可是，她仔細想了想，那個男朋友不可能回到她身邊了，難道要讓他折磨自己一輩子嗎？如果他看到自己現在這個樣子，他一定會高興。女孩想來想去，不能就這麼便宜了她的那個男朋友和好朋友，可是，自己單身，他們只會笑話。而要是找個新男友的話，找誰呢？公司裡的那個男生不錯，不過，他適合自己嗎？女孩想著想著，腦袋都要炸了。想到最後，女孩覺得還是單身最好。

結果，女孩忘掉了對前男友背叛的憎恨，她開始快樂了起來。公司裡的那位男生看見了，問：「怎麼了？你和你的男友和好了？」女孩說：「才不呢？他背叛我休想再回到我的身邊。」男孩略有所悟，接著問：「你這麼高興，是不是交到新的男友了？」女孩說：「沒有，還單身。」「那你為什麼不找一個呢？」女孩說：「找誰啊？找你嗎？」男孩傻傻地笑。

就這樣，又過了一段時期，女孩覺得不能再單身下去了。想想，人生在世遇到一個和自己相愛的人不容易，而眼前正有喜歡自己的人，何必要錯過呢？如果錯過了以後就可能遇不到更好的了。

懷著種種疑問，女孩試探性地問公司裡的那位男生：「你現在有女朋友了嗎？」男生說：「沒。」「那你想找什麼樣的女朋友呢？」男生說：「和你一樣。」女孩笑了。

後來，女孩和這位男生走到了一起，而這時她恰恰失戀了三十天，又結束了單身生活。

如果一個人不愛你，失去後就應該慶幸，因為有愛你的人在等著你。

在修煉後，你不能忘記的心法

❶不失戀便不會明白愛情的可貴，失戀會讓我們變得更強大；

❷在失戀中反省，會正視這一段感情，不再是一個小男生、小女生，能更好地選擇自己的愛情；

❸當愛已不在，苦苦地勉強在一起，只會給彼此帶來傷害；

❹愛情要懂得珍惜，隨著歲月加倍的珍惜。愛情不是在明月之下閒散，也不是在長板凳上歎息。

國家圖書館出版品預行編目（CIP）資料

自找的幸福 ：50個擺脫困境的方法 / 子陽
著. -- 初版. -- 新北市 ：大喜文化,
民104.09
面； 公分. --(喚起 ；13)
ISBN 978-986-91987-7-6(平裝)
1.成功法 2.生活指導
177.2　　　　104017103

喚起13

自找的幸福 ：50個擺脫困境的方法

作　　者：子陽
編　　輯：蔡昇峰
出 版 者：大喜文化有限公司
發 行 人：梁崇明
登記證政院新聞局局版台業字第 244 號
P.O.BOX ：中和市郵政第 2-193 號信箱
發 行 處：23556 新北市中和區板南路 498 號 7 樓之 2
電　　話：02-2223-1391
傳　　真：02-2223-1077
E-mail ：joy131499@gmail.com
銀行匯款：銀行代號：050，帳號：002-120-348-27
　　　　　臺灣企銀，帳戶：大喜文化有限公司
劃撥帳號 5023-2915，帳戶：大喜文化有限公司
總經銷商：聯合發行股份有限公司
地　　址：231 新北市新店區寶橋路 235 巷 6 弄 6 號 2 樓
電　　話：(02)2917-8022
傳　　真：(02)2915-6275
初　　版：中華民國 104 年 9 月
流 通 費：280 元
網　　址：www.facebook.com/joy131499

ISBN 978-986-91987-7-6